やさしくわかる
リース会計

〔改訂版〕

吉田博文
青山伸一 〔共著〕
鈴木　誠

税務経理協会

改訂版刊行にあたって

　本書は，まえがきで強調したように，企業会計基準第13号「リース取引に関する会計基準」を効率的かつ迅速に理解していただくことを目的として編集された。この目的のほかに，さらに，現実の実務での実践可能性に配慮し，類書にはない幾多の工夫や差別化を試みた。

　この企画・編集方針は，多くの読者や関係機関に多大な評価をいただき，版を重ねてきた。

　国際会計基準審議会（IASB）は，2016年1月にリース会計新基準となるIFRS第16号「リース」を公表し，2019年1月1日以降開始事業年度から適用されることとなった。

　すでに，旧版出版時に，新しい制度改革があった時点で，新企画書を出版する旨，読者にはお約束していた。IFRS第16号が適用開始となったため，お約束通り，改訂版を出版することとなった。

　改訂にあたっては，旧版PART Ⅲ-13，適用初年度の取扱いのように，現時点では，不必要な項目は削除することとした。

　次に，企業会計基準第13号「リース取引に関する会計基準」がどのように改正されるのか，方向性と具体的内容は決まっていないようであるが，わが国会計基準が国際会計基準へのコンバージェンス（convergence）への過程を歩むのであれば，企業会計基準第13号「リース取引に関する会計基準」がどのように変革されるのか，その変革の方向性と実務における具体的影響を理解しておく必要がある。

　このため，旧版のPART Ⅴ 12～14を削除して，新たにPART Ⅵを設け，新しい国際会計基準であるIFRS第16号に規定されたリース会計を解説することとした。

　具体的には，企業会計基準第13号「リース取引に関する会計基準」とこれに準拠したわが国現行リース会計実務との異同点を理解できるようにIFRS第

16号の要点解説を行うこととした。ここでも，旧版同様，視覚によって理解が促進されるよう図表化を試みた。

さらに，企業会計基準第13号「リース取引に関する会計基準」が，IFRS第16号へ歩み寄った際の具体的影響を理解できるよう，旧版と同じ設例を用いて解説した。

各執筆者の担当は，吉田（PART Ⅰ，PART Ⅴ，PART Ⅵ－1～5，8），青山（PART Ⅱ，PART Ⅲ，PART Ⅵ－6，9），鈴木（PART Ⅳ，PART Ⅵ－7）である。文責については，旧版同様，各執筆者が担当部分に基本責任を負いつつ，本書全体に共同責任を負う。

わが国経済社会の国際化がますます進展するという現状に鑑みれば，企業会計基準第13号「リース取引に関する会計基準」も，いずれ改正されることになるであろう。

本書は，これまで通り現実の実務に役立てていただけることは販売部数が証明するところであるが，このほかに，時代の変化を予測する資料としても活用していただけると確信する。

企業会計基準第13号「リース取引に関する会計基準」が，改正され，新会計基準が公表されれば，直ちに新企画書を出版する予定である。

令和元年9月　　　吉　田　博　文

まえがき

「リース取引に関する会計基準」が改訂された。新会計基準は、平成20年4月1日以後開始する連結会計年度及び事業年度から適用される。「やっと、世界標準に追いついた。」これが、正直な感想であろう。

本書は、多忙な実務家や学生である読者の皆様に、リース取引に関する会計基準を効率的かつ迅速に理解していただくことを目的としている。このため、以下のような工夫や差別化を試みた。

まず、本書の構成に配慮した。PARTⅠではリース取引に関する会計基準の概要とリース取引に関する基礎知識を習得していただくこととした。

PARTⅡからPARTⅣまでは、それぞれの立場にある読者が実務上必要と思われる部分のみを解読すれば、今回の制度改革に迅速に対応できるように配慮してある。たとえば、PARTⅡとPARTⅢでは、借手の会計処理を解説したが、基本のみ理解すればよい読者にはPARTⅡのみの解読でも目的が達成される。PARTⅣでは、貸手の会計処理に関する重要論点を解説した。借手の立場にある読者は、読破する必要はない。

PARTⅤでは、リース会計の特殊論点や関連領域の解説を行い、実務上看過できない留意事項やより深い研究への端緒を明らかにした。

ここでも、解説内容を見て、読者それぞれのお立場に関係のある部分のみ解読していただければ、実務上対処できる。

次に、本書では論述を進める際には、極力根拠条文を明らかにした。本書の目的は「リース取引に関する会計基準」の効率的な理解を促進することにあるから、目次にて、本書の解説部分とその根拠条文との関連性も追跡できるように工夫した。

さらに、主要論点についてはかならず図表化し、視覚によって理解が促進されるよう配慮してある。また、PARTⅠで解説した重要項目について、PARTⅡ以降で、重複的かつ具体的に解説することとした。これらは、本文中相互に

関連部分を示してあるから，関連部分を再度読み直すことによって，結果的に反復的学習が行われ，一層深い理解が促進されるように工夫してある。

リース会計を理念的に理解しただけでは，実務上全く役に立たない。このため，リース会計を具体的に数値例をもって解説するとともに，エクセルの使い方まで紹介することとした。すなわち，本書の活用によって，「リース取引に関する会計基準」に準拠した具体的な実務処理が実践可能となる。

本書の執筆に当っては，執筆のスピードが要求されたため，早稲田大学エクステンションセンターで平成18年度まで開講されていた「最新会計基準解説講座」の講師，青山伸一先生と鈴木誠先生を執筆者としてお迎えし，これに対応した。各執筆者の担当部分は，吉田（PART Ⅰ，PART Ⅴ），青山（PART Ⅱ，PART Ⅲ），鈴木（PART Ⅳ）である。

本書全体の論理的整合性と首尾一貫性の確保のために数次の企画編集会議を行った。結果的に，文責については，各執筆者が担当部分に基本責任を負いつつ，本書全体に共同責任を負うこととなる。

PART Ⅴでも指摘しておいたが，国際会計基準審議会（IASB）等は，リース取引に関する会計基準の改訂作業を開始している。我が国のリース取引に関する会計基準は，やっと世界標準に近づいたものの，先駆的集団はすでに半周先か1周先を走っていることを認識すべきである。

今後も研究を継続し，新しい制度改革があった時点で次の企画書を出版する予定である。

　　　　　　　　　　　　　　　　　　　平成19年7月　　　吉　田　博　文

目 次

改訂版刊行にあたって
まえがき

PART I　リース会計の基礎

1 リース取引に関する会計基準等　　3
(1) リース取引に関する会計基準と改訂の経緯　　3
(2) 改訂理由　　3
(3) 適用時期　　4

2 リース取引に関する会計基準等主要変更点　　6

3 リース取引に関する会計基準等の構造分析と本書の構成　　9
(1) リース取引に関する会計基準等の構造　　9
(2) 本書の構成　　9

4 リース取引の意義，特質　　11
(1) リース取引の定義　　11
(2) リース取引の当事者とその関係　　11
(3) リース取引の手順　　11
(4) リース契約の特徴　　12
(5) リース料の構成要素　　13
(6) リース料の算定　　14
(7) リース取引の類似形態　　15

i

5	リース取引の種類	16
(1)	基本的分類	16
(2)	その他の分類	18

6	リース会計の必要性	21
(1)	経済的実質	21
(2)	企業間比較	23

7	リース取引の分類と判定基準	24
	－フル・ペイアウトの判定－	
(1)	現在価値基準	24
(2)	経済的耐用年数基準	26

8	ファイナンス・リース取引の分類と判定基準	28
(1)	所有権移転条項の存在	28
(2)	割安購入選択権の存在	28
(3)	特別仕様物件	28

9	リース取引の基本的会計処理	30
(1)	会計処理の考え方	30
(2)	リース取引に関する会計基準の規定	31

10	重要性の判定基準	33
(1)	ファイナンス・リース取引－借手関連判定基準	33
(2)	ファイナンス・リース取引－貸手関連判定基準	35
(3)	ファイナンス・リース取引における少額リース資産及び短期契約のリース資産	36
(4)	オペレーティング・リース取引関連判定基準	37

目　次

11 リース会計基準による会計処理と開示　　39
　(1)　会計処理と開示　　39
　(2)　判定基準　　39

PART Ⅱ　借手の処理（基本編）

1 リース取引の分類と借手の会計処理　　45

2 借手におけるリース取引の判定　　47
　(1)　リース取引の判定　　47
　(2)　借手が行うリース取引判定の特徴　　47

3 借手におけるリース取引の判定　　49
　　－借手が「貸手の計算利子率」を知らない場合－
　(1)　割引率　　49
　(2)　現在価値基準による判定　　49
　(3)　経済的耐用年数基準による判定　　50
　(4)　結　論　　51

4 借手におけるリース取引の判定　　52
　　－借手が「貸手の計算利子率」を知っている場合－
　(1)　割引率　　52
　(2)　現在価値基準による判定　　52
　(3)　経済的耐用年数基準による判定　　53
　(4)　結　論　　53

5 表計算ソフト（エクセル）を利用した現在価値等の計算　　54
　(1)　現在価値の計算　　54

(2)	「貸手の計算利子率」の計算	55

6　ファイナンス・リース取引におけるリース資産(リース債務)の計上　56

(1)	リース資産（リース債務）の計上	56
(2)	リース資産（リース債務）の計上価額の考え方	56
(3)	所有権移転ファイナンス・リース取引の場合	57
(4)	所有権移転外ファイナンス・リース取引の場合	57
(5)	まとめ	58

7　ファイナンス・リース取引における支払リース料の処理と利息法　59
　　　－リース債務の処理(1)－

(1)	利息相当額の算定（支払リース料の処理）	59
(2)	利息法による利息相当額の各期への配分	60
(3)	利息法で適用される利率	60
(4)	「現在価値算定のための割引率」と「利息法で適用される利率」の関係	62

8　リース債務の返済スケジュール表の作成と仕訳　63
　　　－リース債務の処理(2)－

(1)	返済スケジュール表作成の流れ	63
(2)	表計算ソフト（エクセル）を利用しての返済スケジュール表の作成及びリース債務の仕訳	63
(3)	参　考	66

9　リース資産の減価償却　67
　　　－リース資産の処理－

(1)	減価償却	67
(2)	リース資産の減価償却	69
(3)	所有権移転ファイナンス・リースにおける減価償却（適用指針第42項）	69

目　次

(4)	所有権移転外ファイナンス・リースにおける減価償却	
	（適用指針第27項）	69
(5)	まとめ	70

10 リース資産の減価償却　　　　　　　　　　　　　　　71
　　　－所有権移転ファイナンス・リース取引の事例－
(1) 減価償却費の算出　　　　　　　　　　　　　　　71
(2) エクセルを活用した減価償却費の計算　　　　　　71
(3) リース期間終了時の処理　　　　　　　　　　　　72
(4) 仕　訳　　　　　　　　　　　　　　　　　　　　72

11 リース資産の減価償却　　　　　　　　　　　　　　　74
　　　－所有権移転外ファイナンス・リース取引の事例－
(1) 減価償却費の算出　　　　　　　　　　　　　　　74
(2) リース期間終了時の処理　　　　　　　　　　　　74
(3) 仕　訳　　　　　　　　　　　　　　　　　　　　75

12 所有権移転ファイナンス・リース取引（設例）　　　　76
(1) リース取引の判定　　　　　　　　　　　　　　　76
(2) 会計処理　　　　　　　　　　　　　　　　　　　78

13 所有権移転外ファイナンス・リース取引（設例）　　　82
(1) リース取引の判定　　　　　　　　　　　　　　　82
(2) 会計処理　　　　　　　　　　　　　　　　　　　84

PART Ⅲ　借手の処理（応用編）

1 リース取引に関する借手の会計処理の基本的な流れ　　91

2　残価保証　93
　　　―リース料総額の調整(1)―
　(1)　概　要　93
　(2)　残価保証とは　94
　(3)　残価保証がある場合の現在価値の算定　94
　(4)　残価保証がある場合のリース資産の償却　94
　(5)　リース期間終了時の処理　95

3　契約に残価保証条項がある場合（設例）　96
　(1)　現在価値の算定　96
　(2)　リース取引の判定　97
　(3)　リース資産（リース債務）の計上価額　97
　(4)　利息法で適用される利率の算定　97
　(5)　リース資産の償却　97
　(6)　リース債務の返済スケジュール表，リース資産の減価償却表及び仕訳　98

4　維持管理費用相当額，通常の保守等の役務提供相当額の処理　101
　　　―リース料総額の調整(2)―
　(1)　リース料の構成要素　101
　(2)　維持管理費用相当額等の原則的な会計処理　101
　(3)　維持管理費用相当額等の簡便的な会計処理　101

5　維持管理費用相当額等の処理（設例）　103
　(1)　現在価値の算定　103
　(2)　リース取引の判定　104
　(3)　リース資産（リース債務）の計上価額　104
　(4)　利息法で適用される利率の算定　104
　(5)　リース債務の返済スケジュール表の作成及び仕訳　105

		目　　次

6 中途解約の処理　　107
　(1)　概　　要　　107
　(2)　中途解約の会計処理（売買処理）　　107
　(3)　設　　例　　107

7 リース料の前払い　　109
　(1)　概　　要　　109
　(2)　前払いの場合の会計処理（設例）　　109

8 セール・アンド・リースバック取引における借手の会計処理　　114
　(1)　概　　要　　114
　(2)　設　　例　　115

9 少額リース資産及び短期のリース取引の会計処理　　117
　　　－リース取引と重要性の原則(1)－
　(1)　重要性の原則とリース会計　　117
　(2)　少額リース資産及び短期のリース取引の取扱い　　118
　(3)　背　　景　　119

10 リース資産総額に重要性がない場合に認められる簡便的な会計処理　　120
　　　－リース取引と重要性の原則(2)－
　(1)　概　　要　　120
　(2)　利息相当額を計上しない方法　　121
　(3)　利息相当額を定額法により各期へ配分する方法　　121
　(4)　設　　例　　121
　(5)　所有権移転外ファイナンス・リースで簡便的な方法が容認される理由　　121

11	オペレーティング・リース取引に係る会計処理と注記	124
	(1) オペレーティング・リース取引	124
	(2) オペレーティング・リースの会計処理	124
	(3) オペレーティング・リース取引における重要性	125

12	リース取引の開示	127
	(1) ファイナンス・リース取引の開示	127
	(2) オペレーティング・リース取引の開示	128

PART Ⅳ　貸手の処理

1	所有権移転ファイナンス・リース取引の会計処理	131
	(1) 会計処理の基本	131
	(2) 設　例	132

2	所有権移転外ファイナンス・リース取引の会計処理（原則法）	137
	(1) 会計処理の基本	137
	(2) 設　例	138

3	所有権移転外ファイナンス・リース取引の会計処理（簡便法）	142
	(1) 会計処理の基本	142
	(2) 設　例	142

4	貸手の見積残存価額がある場合	145
	(1) 基本となる会計処理	145
	(2) 設　例	145

5 中途解約の処理 … 150
(1) 基本となる会計処理 … 150
(2) 設　例 … 151
(3) 会計処理 … 151

6 借手又は第三者による残価保証のある場合 … 153
(1) 残価保証とは … 153
(2) 会計処理 … 153
(3) 設　例 … 153

7 維持管理費用相当額の処理 … 158
(1) 維持管理費用相当額 … 158
(2) 会計処理 … 158
(3) 設　例 … 158

8 通常の保守等の役務提供相当額の処理 … 161
(1) 会計処理 … 161

9 貸手が製造業者又は卸売業者の場合 … 162
(1) 貸手が製造業者又は卸売業者の場合の留意事項 … 162
(2) 会計処理 … 162
(3) 設　例 … 163

10 セール・アンド・リースバック取引 … 167
(1) セール・アンド・リースバック取引 … 167
(2) 会計処理 … 167
(3) 設　例 … 168
(4) 特別目的会社を活用したセール・アンド・リースバック取引 … 169

11	リース資産処分損失引当金	171
(1)	リース資産処分損失引当金とは	171
(2)	貸手の会計処理は売買処理に統一	171

12	ファイナンス・リース取引に係る注記	173
(1)	重要な会計方針	173
(2)	リース投資資産の注記	173
(3)	リース債権及びリース投資資産に係るリース料債権部分	174

13	オペレーティング・リース取引に係る会計処理及び注記	175
(1)	会計処理	175
(2)	注　記	175

14	重要性の判断基準	177
(1)	リース資産総額に重要性がないと認められる場合	177
(2)	ファイナンス・リース取引の注記を一部要しない場合	177
(3)	ファイナンス・リース取引における少額リース資産及び短期のリース資産	177
(4)	オペレーティング・リース取引に係る注記	178

PART V　特殊リースとその他の論点

1	戦略経営とリース会計基準	181
(1)	資源戦略論と会計基準	181
(2)	戦略経営とリース取引	181
(3)	リース取引に関する会計基準と関連する会計基準	182
(4)	本章の構成	183

2 リース取引と減損会計基準　184
- (1) 減損会計　184
- (2) リース会計と減損会計の関係　184
- (3) 借手の減損処理　185
- (4) 貸手の減損処理　185
- (5) 減損会計基準改訂　185

3 リース物件の修繕費及び改良費の処理　187
- (1) 資本的支出　187
- (2) 減価償却　187
- (3) 収益的支出　187
- (4) 中途解約による返還　188

4 不動産リース　189
- (1) 不動産に係るリース取引の判定　189
- (2) 土地リース取引　189
- (3) 土地・建物等一括リース取引　189

5 不動産流動化とセール・アンド・リースバック取引　191
- (1) 不動産流動化の意義・目的・手法　191
- (2) 売却処理の考え方　191
- (3) 特定目的会社を活用した不動産の流動化に関する会計処理　192
- (4) セール・アンド・リースバック取引による不動産流動化の条件　193

6 ソフトウェア・リース　195
- (1) ソフトウェアと環境変化　195
- (2) ソフトウェア・リースの特徴　195
- (3) 会計処理　196

(4)	会計基準と租税法	196

7 債権流動化の会計処理　197
(1)	リース債権の流動化	197
(2)	債権流動化に伴う借手の会計処理	197
(3)	債権流動化に伴う貸手の会計処理	197

8 転リース取引　200
(1)	概　要	200
(2)	設　例	201

9 レバレッジド・リース　203
(1)	匿名組合方式	203
(2)	任意組合方式	206

10 リース業ヘッジ会計　208
(1)	長期固定リース料債権を対象とする公正価値（フェア・バリュー）ヘッジ	208
(2)	変動金利の借入金を対象としたキャッシュ・フロー・ヘッジ	209

11 外貨建てリース　210
(1)	売買処理の場合	210
(2)	賃貸借処理	210

12 租税法とリース取引　212
(1)	現行リース取引関連税制	212
(2)	会計基準と租税法の異同	212
(3)	租税法の改正	214

PART Ⅵ　国際会計基準とリース会計

1 旧リース会計基準（IAS 第 17 号）の問題点		217
（1）リース取引の分類と分類基準		217
（2）数値基準の恣意性		217
（3）財務諸表の組替計算の必要性		217
（4）概念フレームワークの完成と現行基準の非整合性		218
2 使用権モデル		219
（1）IFRS 概念フレームワークの完成と資産・負債アプローチ		219
（2）使用権モデルの採用		220
（3）使用権モデルの概念図		220
（4）使用権モデルの会計処理		220
3 リースの識別		221
（1）リースの定義		221
（2）リースの判定		221
4 リース分類		224
（1）借　　手		224
（2）貸　　手		224
（3）貸手の分類基準		224
5 リース期間		226
（1）リース期間の決定		226
（2）オプションの行使可能性評価		226

6 借手の会計処理　228
(1) 会計処理の基本　228
(2) リース負債，使用権資産の測定方法　228
(3) 事後測定の会計処理　228
(4) 設　　例　229
(5) 例外的な免除規程　230

7 貸手の会計処理　231
(1) 会計処理の基本　231
(2) 設　　例　231

8 短期リースと少額資産リース　235
(1) 短期リース　235
(2) 少額資産リース　235

9 我が国リース会計基準の改訂動向　237

企業会計基準第13号　リース取引に関する会計基準　239
あ と が き
参 考 文 献

xiv

【設例目次】

PART Ⅱ　借手の処理

〔設例１〕所有権移転ファイナンス・リース取引
　　　　　－判定－　　　　　　　　　　　　　　　　49
　　　　　－リース資産（債務）の計上－　　　　　　57
　　　　　－リース債務の処理－　　　　　　　　　　63
　　　　　－リース資産の処理－　　　　　　　　　　71

〔設例２〕所有権移転外ファイナンス・リース取引
　　　　　－判定－　　　　　　　　　　　　　　　　52
　　　　　－リース資産（債務）の計上－　　　　　　58
　　　　　－リース債務の処理－　　　　　　　　　　66
　　　　　－リース資産の処理－　　　　　　　　　　74

〔設例３〕所有権移転ファイナンス・リース取引　　　76
〔設例４〕所有権移転外ファイナンス・リース取引　　82

PART Ⅲ　借手の処理（応用編）

〔設例５〕残価保証　　　　　　　　　　　　　　　　96
〔設例６〕維持管理費用相当額等　　　　　　　　　　103
〔設例７〕中途解約　　　　　　　　　　　　　　　　107
〔設例８〕前払いの場合　　　　　　　　　　　　　　109
〔設例９〕セール・アンド・リースバック取引　　　　115
〔設例10〕リース資産総額に重要性がない場合　　　　121

PART Ⅳ　貸手の処理

〔設例11〕所有権移転ファイナンス・リース取引　132
〔設例12〕所有権移転外ファイナンス・リース取引（原則法）　138
〔設例13〕所有権移転外ファイナンス・リース取引（簡便法）　142
〔設例14〕貸手の見積残存価額がある場合　145
〔設例15〕中途解約　151
〔設例16〕残価保証　153
〔設例17〕維持管理費用相当額の処理　158
〔設例18〕貸手が製造業者又は卸売業者の場合　163
〔設例19〕セール・アンド・リースバック取引　168

その他

〔設例20〕転リース取引　201

目　　次

基準，適用指針及び本書の構成

会計基準		本書	
基準			
項	内容	PART-節	ページ
1	基準の目的		
2	適用指針の目的		
範囲			
3	適用の範囲		
用語の定義			
4	リース取引	Ⅰ-4	11
5	ファイナンス・リース取引	Ⅰ-5, Ⅰ-7	16・17, 24
6	オペレーティング・リース取引		
7	リース取引開始日		
会計処理			
8	ファイナンス・リース取引の分類	Ⅱ-1	45
9	ファイナンス・リース取引の会計処理	Ⅱ-1	45
10	借手の会計処理	Ⅱ-6	56
11	借手の資産・負債の計上額	Ⅱ-7	58
12	借手の減価償却		
13	貸手の会計処理	Ⅰ-9, Ⅳ-2	31, 137
14	貸手の利息相当額の取扱い	Ⅳ-2	137
15	オペレーティング・リースの取引の会計処理	Ⅲ-11, Ⅳ-13	124, 175
開示（ファイナンス・リース取引の表示）			
16	借手の表示方法	Ⅲ-12	127
17	借手のリース債務	Ⅲ-12	127
18	貸手の表示方法		
開示（ファイナンス・リース取引の注記）			
19	借手の注記	Ⅲ-12	127
20	貸手のリース投資資産についての注記	Ⅰ-10, Ⅳ-12	36, 173
21	貸手のリース債権についての注記	Ⅰ-10, Ⅳ-14	36, 177
開示（オペレーティング・リース取引の注記）			
22	借手及び貸手の注記	Ⅰ-10, Ⅲ-11・12, Ⅳ-13	37・38, 125・128, 176
適用時期等			
23	適用期日	Ⅰ-1	4
24	四半期財務諸表での取扱い	Ⅰ-1	5
25	早期適用	Ⅰ-1	4
26	会計士協会実務指針の取扱い		
議決			
27	出席委員		

会計基準		本書	
結論の背景			
項	内容	PART－節	ページ
経緯			
28	改正前会計基準		
29	国際会計基準・米国会計基準との整合性		
30	例外処理		
31	改正前会計基準に対する当委員会の問題意識	Ⅰ－1	3
32	審議の動向		
33	例外処理の廃止		
34	国際会計基準の動向		
用語の定義及びリース取引の分類			
35	用語の定義・リースの分類		
36	リース契約の解約	Ⅰ－5	18
37	リース資産・債務，債権・投資資産の計上基準		
ファイナンス・リース取引の会計処理			
38	基本的な考え方		
39	借手におけるリース資産の償却		
40	貸手における会計処理	Ⅳ－2	137
41	貸手の将来のリース料を収受する権利	Ⅳ－1	131
開示(ファイナンス・リース取引の表示及び注記)			
42	借手側の表示及び注記（一括表示）		
43	借手における注記		
44	貸手側の表示		
45	貸手における注記	Ⅳ－12	173, 174
適用時期等			
46	適用開始日		
47	早期適用		

目　次

適用指針			
指針		本書	
項	内容	PRAT－節	ページ
1	目的		
	範囲		
2	適用範囲		
3	ファイナンス・リース取引の取扱い		
	用語の定義		
4	用語の定義		
	ファイナンス・リース取引の判定基準		
5	ファイナンス・リース取引に該当するリース取引		
6	解約不能のリース取引の取扱い	Ⅰ－5, Ⅳ－13	17, 176
7	用語の定義		
8	具体的判定基準		
9	具体的判定基準	Ⅰ－7	24
10	具体的判定基準	Ⅰ－8	28
11	再リース	Ⅰ－7	24, 27
12	経済的耐用年数基準の適用	Ⅰ－7, Ⅱ－9	27, 69
13	例外規定	Ⅰ－7	27
	現在価値基準の判定における留意事項		
14	維持管理費用相当額等の取扱い	Ⅰ－7, Ⅲ－4	24, 101・102
15	残価保証の取扱い		
16	製造業者又は卸売業者の場合の取扱い	Ⅰ－7	24
17	現在価値の算定に用いる割引率	Ⅱ－2	47
18	連結財務諸表における判定		
19	土地・建物等の不動産のリース取引	Ⅴ－4	189
20	土地と建物等を一括したリース取引	Ⅴ－4	189
	ファイナンス・リース取引に係る借手の会計処理		
21	所有権移転外ファイナンス・リース取引に係る借手の会計処理	Ⅱ－1	45
22	リース資産及びリース債務の計上価額	Ⅱ－6	58
23	支払リース料の処理	Ⅱ－7	59
24	利息相当額の各期への配分	Ⅱ－7	60
25	維持管理費用相当額の処理	Ⅱ－11, Ⅲ－4	75, 101
26	通常の保守等の役務提供相当額の処理	Ⅲ－4	101・102
27	リース資産の償却方法	Ⅱ－9	69
28	リース資産の償却年数	Ⅱ－9	69

xix

29	リース期間終了時及び再リースの処理	Ⅲ-2	95
30	中途解約の処理	Ⅲ-6	107
31	リース資産総額に重要性が乏しいと認められる場合の取扱い	Ⅰ-10, Ⅲ-10	34, 120
32	リース資産総額に重要性が乏しいと認められる場合の取扱い	Ⅰ-10, Ⅲ-10	33, 120
33	リース資産総額に重要性が乏しいと認められる場合の取扱い		
34	少額リース資産及び短期のリース取引に関する簡便的な取扱い	Ⅲ-9, Ⅲ-11	117, 124
35	少額リース資産及び短期のリース取引に関する簡便的な取扱いが認められる場合	Ⅰ-10, Ⅲ-9	34, 118
36	所有権移転ファイナンス・リース取引に係る借手の会計処理		
37	リース資産及びリース債務の計上価額	Ⅱ-6	57
38	支払リース料の処理	Ⅱ-7	59
39	利息相当額の各期への配分	Ⅱ-7, Ⅱ-9	60, 69
40	維持管理費用相当額の処理	Ⅲ-4	101・102
41	通常の保守等の役務提供相当額の処理	Ⅱ-9, Ⅲ-4	69, 101・102
42	リース資産の償却		
43	リース期間終了時等の処理	Ⅱ-10	72
44	中途解約の処理	Ⅲ-6	107
45	少額リース資産及び短期のリース取引に関する簡便的な取扱い	Ⅲ-9, Ⅲ-11	118, 124
46	少額リース資産及び短期のリース取引に関する簡便的な取扱いが認められる場合	Ⅲ-9	118
47	転リース取引	Ⅴ-8	200
48	セール・アンド・リースバック取引の定義	Ⅰ-5	18
49	セール・アンド・リースバック取引がファイナンス・リース取引に該当する場合	Ⅲ-8	114
50	セール・アンド・リースバック取引がファイナンス・リース取引に該当する場合の会計処理		
ファイナンス・リース取引に係る貸手の会計処理			
51	所有権移転外ファイナンス・リース取引に係る貸手の会計処理	Ⅳ-1	131
52	借手又は第三者による残価保証がある場合の処理	Ⅳ-6	153
53	利息相当額の各期への配分	Ⅳ-2	137
54	維持管理費用相当額の処理	Ⅳ-7	158
55	通常の保守等の役務提供相当額の処理	Ⅳ-8	161

目　　次

56	貸手の製作価額又は現金購入価額と借手に対する現金販売価額に差がある場合の処理	Ⅳ－9	162
57	リース期間終了時及び再リースの処理	Ⅳ－4	145
58	中途解約の処理	Ⅳ－5	150
59	リース取引に重要性が乏しいと認められる場合の取扱い	Ⅰ－10, Ⅳ－3, Ⅳ－14	35, 146, 177
60	リース取引に重要性が乏しいと認められる場合とは	Ⅰ－10, Ⅳ－14	35, 177
61	所有権移転ファイナンス・リース取引に係る貸手の会計処理	Ⅳ－1	131
62	借手又は第三者による残価保証がある場合の処理	Ⅳ－6	153
63	利息相当額の各期への配分	Ⅳ－1	131
64	維持管理費用相当額の処理	Ⅳ－7	158
65	通常の保守等の役務提供相当額の処理	Ⅳ－8	161
66	貸手の製作価額又現金購入価額と借手に対する現金販売価額に差がある場合の処理	Ⅳ－9	162
67	再リースの処理	Ⅳ－4	145
68	中途解約の処理	Ⅳ－5	150
69	セール・アンド・リースバック取引の定義	Ⅳ－10	167
70	セール・アンド・リースバック取引の会計処理	Ⅳ－10	167
開示			
71	ファイナンス・リース取引に係る注記（借手・貸手）	Ⅰ－10, Ⅲ－12, Ⅳ－12, Ⅳ－14	36, 127, 174, 177
72	ファイナンス・リース取引に係る注記（貸手）	Ⅳ－12	173
73	転リース取引に係る注記	Ⅴ－8	200
74	オペレーティング・リース取引の注記（解約不能のものに係る未経過リース料）	Ⅳ－13	175
75	オペレーティング・リース取引の注記（重要性が乏しい場合）	Ⅲ－11, Ⅳ－13, Ⅳ－14	125, 176, 178
適用時期等			
76	適用時期		
77	適用初年度開始前の所有権移転外ファイナンス・リース取引の取扱い（借手）		

xxi

78	適用初年度開始前の所有権移転外ファイナンス・リース取引の取扱い（借手）		
79	適用初年度開始前の所有権移転外ファイナンス・リース取引の取扱い（借手）		
80	適用初年度開始前の所有権移転外ファイナンス・リース取引の取扱い（貸手）		
81	適用初年度開始前の所有権移転外ファイナンス・リース取引の取扱い（貸手）		
82	適用初年度開始前の所有権移転外ファイナンス・リース取引の取扱い（貸手）		
83	適用初年度開始前の所有権移転外ファイナンス・リース取引の取扱い（貸手）		
84	四半期財務諸表における取扱い（借手）		
85	四半期財務諸表における取扱い（貸手）		
86	適用初年度のリース取引の取扱い		
	議決		
87	出席委員		

目　　次

適用指針				
結論の背景			本書	
項	内容		PART－節	ページ
88	経緯			
範囲				
89	適用範囲			
90	除外項目（特殊なリース取引）			
91	リース取引の定義			
ファイナンス・リース取引の判定基準				
92	ファイナンス・リース取引の条件（解約不能）		Ⅰ－5	17
93	ファイナンス・リース取引の条件（フルペイアウト）		Ⅰ－5	18
具体的判定基準				
94	ファイナンス・リース取引の判定基準		Ⅰ－8	28
95	現在価値基準適用上の留意点			
96	経済的耐用年数基準適用上の留意点			
97	所有権移転ファイナンス・リース取引と所有権移転外ファイナンス・リース取引の分類			
98	土地についてのリース取引		Ⅴ－4	189
99	土地と建物等を一括したリース取引		Ⅴ－4	189
100	土地の賃料が明示されていない取引		Ⅴ－4	190
ファイナンス・リース取引に係る借手の会計処理				
101	借手における費用配分の基本的な考え方			
102	借手における費用配分の基本的な考え方			
103	借手における費用配分の基本的な考え方			
104	借手における費用配分の基本的な考え方			
105	リース資産及びリース債務の計上価額			
106	支払リース料の処理，利息相当額の各期への配分			
107	支払リース料の処理，利息相当額の各期への配分			
108	支払リース料の処理，利息相当額の各期への配分			
109	維持管理費用相当額の処理			
110	維持管理費用相当額の処理			
111	通常の保守等の役務提供相当額の処理			
112	リース資産の償却		Ⅱ－13	85

xxiii

113	リース資産の償却	Ⅲ-2	95
114	再リースの処理		
115	リース資産総額に重要性が乏しいと認められる場合の取扱い		
116	リース資産総額に重要性が乏しいと認められる場合の取扱い		
117	少額リース資産及び短期のリース取引に関する簡便的な取扱い		
118	少額リース資産及び短期のリース取引に関する簡便的な取扱い		
ファイナンス・リース取引に係る貸手の会計処理			
119	貸手における収益配分の基本的な考え方		
120	貸手における収益配分の基本的な考え方		
121	貸手における収益配分の基本的な考え方		
122	基本となる会計処理	Ⅳ-1	131
123	基本となる会計処理	Ⅳ-1	131
124	基本となる会計処理	Ⅳ-2	137
125	利息相当額の各期への配分	Ⅳ-1	131
126	利息相当額の各期への配分	Ⅳ-2	137
127	利息相当額の各期への配分		
128	貸手の製作価額又現金購入価額と借手に関する現金販売価額に差がある場合の処理	Ⅳ-9	162
129	貸手としてのリース取引に重要性が乏しいと認められる場合の取扱い	Ⅳ-3, Ⅳ-14	142, 177
適用時期等			
130	適用初年度開始前の所有権移転外ファイナンス・リース取引の取扱い		
131	適用初年度開始前の所有権移転外ファイナンス・リース取引の取扱い		
132	適用初年度開始前の所有権移転外ファイナンス・リース取引の取扱い		

PART I

リース会計の基礎

1　リース取引に関する会計基準等

(1) リース取引に関する会計基準と改訂の経緯

　平成19年3月30日，企業会計基準委員会は，企業会計基準第13号「リース取引に関する会計基準」と企業会計基準適用指針第16号「リース取引に関する会計基準適用指針」を公表した。

　我が国のリース取引に関する会計基準としては，平成5年6月に企業会計審議会第一部会から改正前「リース取引に係る会計基準」が公表されている。

　この改正前会計基準では，ファイナンス・リース取引のうち所有権移転外ファイナンス・リース取引については，一定の注記を要件として通常の賃貸借取引に係る方法に準じた会計処理（以下「例外処理」という。）を採用することを認めてきた。現状では大半の企業において，この例外処理が採用されている。

　企業会計基準委員会では，この例外処理の再検討について，平成13年11月にテーマ協議会から提言を受け，平成14年7月より審議を開始した。以後，4年にわたりこのテーマを審議し，その間，平成16年3月に「所有権移転外ファイナンス・リース取引の会計処理に関する検討の中間報告」，平成18年7月に試案「リース取引に関する会計基準（案）」，平成18年12月に企業会計基準公開草案第17号「リース取引に関する会計基準（案）」を公表し，関係各方面からの意見聴取も行ってきた。これら一連の意見聴取と審議を重ねた結果，今般，改正前会計基準において認められていた例外処理を廃止するとの結論に至り，基準を改正した。

(2) 改訂理由

　企業会計基準委員会は，改正前会計基準に対し，主として次の問題意識を有

していたとされる（会計基準第31項）。
- (ⅰ) 会計上の情報開示の観点からは，ファイナンス・リース取引については，借手において資産及び負債を認識する必要性がある。特に，いわゆるレンタルと異なり，使用の有無にかかわらず借手はリース料の支払義務を負い，キャッシュ・フローは固定されているため，借手は債務を計上すべきである。
- (ⅱ) 本来，代替的な処理が認められるのは，異なった経済的実態に異なる会計処理を適用することで，事実をより適切に伝えられる場合であるが，例外処理がほぼすべてを占める現状は，会計基準の趣旨を否定するような特異な状況であり，早急に是正される必要がある。

(3) 適用時期

① 本会計基準は，平成20年4月1日以後開始する連結会計年度及び事業年度から適用する（会計基準第23項）。

② 財務諸表に係る早期適用

平成19年4月1日以後開始する連結会計年度及び事業年度から適用することができる（会計基準第23項但書）。

財務諸表に係る早期適用を行う場合の留意事項は次の通りである（会計基準第25項）。

- (ⅰ) 中間連結財務諸表及び中間財務諸表への早期適用

  中間連結会計期間及び中間会計期間に係る中間連結財務諸表及び中間財務諸表には適用しないことができる。なお，この場合であっても，年度の連結財務諸表及び財務諸表では，年度の期首から本会計基準を適用する。

- (ⅱ) 中間・年度の会計処理の首尾一貫性の注記

  早期適用を行う連結会計年度及び事業年度に係る年度の連結財務諸表及び財務諸表においては，中間・年度の会計処理の首尾一貫性の注記は要しない。

  中間連結財務諸表及び中間財務諸表には，本会計基準が適用されておらず，改正前会計基準で必要とされていた注記がなされている旨を記載する。

③　四半期財務諸表

本会計基準は,平成21年4月1日以後開始する連結会計年度及び事業年度に係る四半期財務諸表から適用する(会計基準第24項但書)。

④　四半期財務諸表に係る早期適用

平成20年4月1日以後開始する連結会計年度及び事業年度に係る四半期財務諸表から適用することができる(会計基準第24項但書)。

2　リース取引に関する会計基準等主要変更点

　企業会計基準委員会は，企業会計基準第13号「リース取引に関する会計基準」と企業会計基準適用指針第16号「リース取引に関する会計基準適用指針」の公表にあたって，リース取引に関する会計基準等主要変更点として，次の比較表を提示している。

　主要改正点は，所有権移転外ファイナンス・リース取引に係る通常の賃貸借処理の廃止である。

図表Ⅰ－1　従来の取扱いからの主な変更点

	従来の取扱い	本会計基準等
① 所有権移転外ファイナンス・リース取引に係る通常の賃貸借処理の廃止	所有権移転外ファイナンス・リース取引は，原則として通常の売買取引に係る方法に準じて会計処理を行う。ただし，一定の注記を条件に，通常の賃貸借取引に係る方法に準じて会計処理を行うことができる。	左記の通常の賃貸借取引に係る方法に準じた会計処理は，廃止する。
② 利息相当額の各期への配分	ファイナンス・リース取引に関して，通常の売買取引に係る方法に準じて会計処理を行う場合，利息相当額は，原則として利息法により各期に配分する。	(借手側) 　原則は，従来の取扱いと同じである。ただし，所有権移転外ファイナンス・リース取引のリース資産総額に重要性が乏しいと認められる場合には，次のいずれかの方法を適用することができる。

PART I　リース会計の基礎

			・リース料総額から利息相当額の合理的な見積額を控除しない方法 　この場合，リース資産及びリース債務は，リース料総額で計上され，支払利息は計上されず，減価償却費のみが計上される。 ・利息相当額の総額を定額でリース期間にわたり配分する方法 （貸手側） 　原則は，従来の取扱いと同じである。ただし，所有権移転外ファイナンス・リース取引のリース取引に重要性が乏しいと認められる場合には，利息相当額の総額を定額でリース期間にわたり配分する方法を適用することができる。
③ 通常の保守等の役務提供相当額の処理	－		維持管理費用相当額の処理に準じて，原則として，リース料総額から区分する。
④ 不動産に係るリース取引の取扱い	－		土地，建物等の不動産のリース取引（契約上，賃貸借となっているものも含む。）についても，ファイナンス・リース取引に該当するか，オペレーティング・リース取引に該当するかを判定する。 　ただし，土地については，所有権の移転条項又は割安購入選択権の条項がある場合を除き，オペレーティング・リース取引に該当するものと推定する。
⑤ ファイナンス・リース取引の貸借対照表の表示	（借手側） 　リース資産は，有形固定資産に属する各科目に含めて表示する。 （貸手側） リース債権として表示する。		（借手側） 　リース資産については，原則として，有形固定資産，無形固定資産の別に，一括してリース資産として表示する。ただし，有形固定資産又は無形固定資産に属する各科目に含めることもできる。

7

		(貸手側) 　所有権移転ファイナンス・リース取引に係るものはリース債権，所有権移転外ファイナンス・リース取引に係るものはリース投資資産として表示する。
⑥　ファイナンス・リース取引の注記	所有権移転外ファイナンス・リース取引について，通常の賃貸借取引に係る方法に準じた会計処理を採用した場合，一定の注記を要する。	(借手側) 　リース資産について，重要性が乏しい場合を除き，その内容（主な資産の種類等）及び減価償却の方法を注記する。 (貸手側) ・リース投資資産について，重要性が乏しい場合を除き，リース料債権部分及び見積残存価額部分の金額並びに受取利息相当額を注記する。 ・リース債権及びリース投資資産に係るリース料債権部分について，重要性が乏しい場合を除き，貸借対照表日後5年以内における1年ごとの回収予定額及び5年超の回収予定額を注記する。

3 リース取引に関する会計基準等の構造分析と本書の構成

(1) リース取引に関する会計基準等の構造

　企業会計基準第13号「リース取引に関する会計基準」と企業会計基準適用指針第16号「リース取引に関する会計基準適用指針」は，リース取引に関する会計処理を体系的に規定している。

　詳しくは付録の会計基準，適用指針構造分析表を参照されたい。会計基準と適用指針，会計基準と結論の背景，適用指針と結論の背景が大きな枠組みとなっており，それぞれの枠の中で用語の定義，個別的会計処理や開示に関連した事項が規定されている。また，これら個別の事項が，会計基準と適用指針，会計基準と結論の背景，適用指針と結論の背景で関連付けられており，体系的解読が可能なように配慮されている。

　読者諸賢におかれては，まず，会計基準の迅速かつ効率的な理解を促進するためには，それぞれの会計基準の構造を体系的に理解されることをお勧めする。

(2) 本書の構成

　PART Ⅰでは，改訂されたリース取引に関する会計基準の基礎であるリースの定義や分類基準を解説し，リース会計の概要と基礎知識を習得していただくことを目的としている。PART Ⅱ，Ⅲは借手の会計処理，PART Ⅳは貸手の会計処理を具体例を用いて解説してあり，PART Ⅴは読者にリース取引の会計基準に関連した実務上の問題点を理解していただくとともに，さらに海外の会計基準や我が国の租税法との異同を解説し，より深い研究への道筋を明らかにした。

本書を活用していただければ,「リース取引に関する会計基準」と「リース取引に関する会計基準適用指針」の効率的理解が可能となるであろう。

4 リース取引の意義，特質

(1) リース取引の定義

リース取引とは，特定の物件の所有者である貸手（レッサー）が，当該物件の借手（レッシー）に対し，合意された期間（リース期間）にわたりこれを使用収益する権利を与え，借手は合意された使用料（リース料）を貸手に支払う取引をいう（会計基準第4項）。

(2) リース取引の当事者とその関係

具体的に，リース取引の仕組みを理解しておこう。後に，リース取引の種類でも解説するが，代表的にはリース取引には，メーカー（又はディーラー），リース会社，ユーザーの三者が介在する。これら三者間の関係は，次のように整理できる。

① 法形式的関係－複合的性格
   ・ リース会社－ユーザー間：リース契約
   ・ リース会社－メーカー等間：売買契約
② 経済的関係
   リース物件の融資

(3) リース取引の手順

リース取引の手順は，図表Ⅰ-2の通りである。
① ユーザー（レッシー）は，導入希望物件をメーカー等と交渉し，機種，価格，納期その他の条件を決定する。
② ユーザー（レッシー）は，リース会社（レッサー）とリース条件（リース

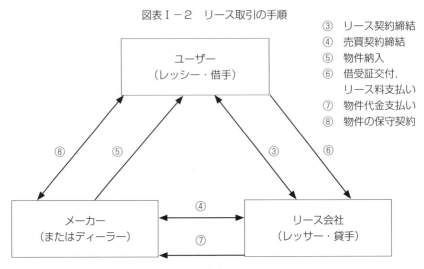

(出所) 秋山, 1992, P26, 図1－2一部改変

　　期間, リース料等) を折衝の上, リース契約の申し込みを行う。
③　リース契約の締結
④　リース会社（レッサー）は, ユーザー（レッシー）が当初メーカー等と決めた売買条件に従って, 物件の売買契約を締結する。
⑤　リース会社（レッサー）がメーカー等から購入した物件は, ユーザー（レッシー）に直接納入される。
⑥　ユーザー（レッシー）は物件の検収を行う。検収完了とともに, メーカー等からリース会社（レッサー）に対し, 支払義務が発生する。
⑦　物件の購入代金は, リース会社（レッサー）がメーカー等に支払う。
⑧　物件の保守管理は, メーカー等が直接ユーザー（レッシー）に対し行う。

(4) リース契約の特徴
①　所　有　権
　リース物件の所有権は, リース会社にある。ユーザーは, リース物件の占有

と使用収益権を有する。リース会社は，ユーザーに契約不履行があれば，物件の返還請求権を行使できる。

② 解約禁止

リース契約は，原則解除できない。例外的に解除できるのは，リース契約書において，ユーザーの債務不履行，信用悪化によるリース会社からの契約の解除が定められている場合である。

③ リース物件の選定

リース物件を選定するのは，ユーザーが行う。

④ 売買契約

リース取引においては，物件の売買に関する交渉はメーカー等とユーザー間でほとんどすべて決定されており，リース会社はメーカー等とユーザー間で決定された売買条件に従って，メーカー等と売買契約を締結する。

⑤ 損害賠償金

リース物件が滅失してもユーザーは損害金を支払わねばならない。リース会社はこの損害金によって，投下資金の回収を行う。

⑥ 保守・修繕

ユーザーは，リース物件に対し善良な管理者の注意義務を求められ，当該リース物件に関する，保守義務・修繕義務と損害危険負担を課せられる。

(5) リース料の構成要素

① リース物件の取得価額

取得価額とは，リース会社がメーカー等に支払うリース物件の購入代金と購入のための直接付随費用（例えば，輸送費，等である。）を合計した金額である。

② リース物件の見積残存価額

リース契約時点におけるリース期間終了時点のリース物件の残存価額を見積もった金額である。

一般的には，リース物件の見積残存価額はゼロとしてリース料を計算する。中古市場が整備されている場合のように，残存価額の見積りが可能な場合に

は，見積残存価額を見積もってリース料の計算をする。

見積残存価額をゼロとしてリース料を計算する方式をフル・ペイアウト方式，見積残存価額を求めリース料を計算する方式を，ノン・フルペイアウト方式という。

③ 金　　利

リースの性格として「物融」という金融的性格を説明したが，リース会社はこの信用供与の源泉は，ほとんど借入金等により調達されているから，借入金等の金利を信用供与期間にわたり負担することとなる。このため，リース料の算定基礎に，リース期間にわたり負担すべき金利を加算する必要がある。

④ 固定資産税

リース物件の所有権は，リース会社にあるから，固定資産税はリース会社に賦課される。

固定資産税は，固定資産に対し，その固定資産所在の都・市町村において課税される（地方税法第342条）。課税対象となる固定資産とは，土地，建物，償却資産をいう（地方税法第342条）。納税義務者は，固定資産の所有者とされている（地方税法第343条）。

このため，リース会社は，所有リース物件にかかる固定資産税を申告・納付しなければならないから，固定資産税納付額もリース料の算定基礎となる。

⑤ 損害保険料

リース会社は，リース物件の損害保険料がリース料算定の基礎となる。

⑥ 利　　益

上記①～⑥はいわばリース料の原価部分である。このほかに，リース会社の利益部分を，リース料算定基礎に加える必要がある。

⑦ リース期間

リースの開始日からリース期間満了の日までをいう。

(6) リース料の算定

リース料は，下記の算式のように，投下資本等の金額とリース期間によって

算定される。

$$\text{リース料} = \frac{(\text{取得価額} - \text{見積残存価額}) + \text{金利} + \text{固定資産税} + \text{損害保険料} + \text{その他費用} + \text{利益}}{\text{リース期間（月数）}}$$

(7) リース取引の類似形態

① 割賦販売（所有権を使用者に取得させる。）……その他に動産信託がある。

② レンタル（所有権を使用者が取得しない。）……その他にチャーターがある。

5　リース取引の種類

　リース取引には，分類基準次第でさまざまな種類があるが，本書ではあくまで入門書であるため，「基準」の分類を前提に解説する。

(1) 基本的分類

　「基準」によれば，リース取引はファイナンス・リース取引とオペレーティング・リース取引に大別され，ファイナンス・リース取引はさらに所有権移転ファイナンス・リース取引と所有権移転外リース取引に分類される（図表Ⅰ－3参照）。

　ここでは，ファイナンス・リース取引とオペレーティング・リース取引の分類基準を最初に理解していただくことにする。所有権移転ファイナンス・リース取引と所有権移転外ファイナンス・リース取引の違いについては，PART Ⅰ－7で解説する。

図表Ⅰ－3　リース取引

ファイナンス・リース取引	所有権移転ファイナンス・リース取引
	所有権移転外ファイナンス・リース取引
オペレーティング・リース取引	

①　ファイナンス・リース取引

　ファイナンス・リース取引とは，リース契約に基づくリース期間の中途において当該契約を解除することができないリース取引又はこれに準ずるリース取引で借手が，当該契約に基づき使用する物件（以下「リース物件」という。）からもたらされる経済的利益を実質的に享受することができ，かつ，当該リース物

件の使用に伴って生じるコストを実質的に負担することとなるリース取引をいう（会計基準第5号）。

ファイナンス・リース取引に関するこの定義は，分解すると次の2つになる。

A　解約不能（ノンキャンセラブル）

リース契約に基づくリース期間の中途において当該契約を解除することができないリース取引又はこれに準ずるリース取引

「リース契約に基づくリース期間の中途において当該契約を解除することができないリース取引に準ずるリース取引」とは，法的形式上は解約可能であるとしても，解約に際し相当の違約金を支払わなければならない等の理由から，事実上解約不能と認められるリース取引をいう（会計基準第36項）。

このような取引に該当するものとしては，次のようなものが考えられる（適用指針第6項）。

(a) 解約時に，未経過のリース期間に係るリース料の概ね全額を，規定損害金として支払うこととされているリース取引
(b) 解約時に，未経過のリース期間に係るリース料から，借手の負担に帰属しない未経過のリース期間に係る利息等として，一定の算式により算出した額を差し引いたものの概ね全額を，規定損害金として支払うこととされているリース取引

しかし，上記取引はあくまで例示であり，解約可能であることが明記されていなければ解約不能として取り扱われるわけではなく，事実上解約不能であるかどうかは，契約条項の内容，商慣習等を勘案し契約の実態に応じ判断されることになる（会計基準第5項，適用指針第92項）。

このことは，オペレーティング・リース取引に係る注記の対象となる解約不能のリース取引の判断においても同様である。

B　フル・ペイアウト

借手が，当該契約に基づき使用する物件からもたらされる経済的利益を実質的に享受することができ，かつ，当該リース物件の使用に伴って生じるコスト

を実質的に負担することとなるリース取引

　「リース物件からもたらされる経済的利益を実質的に享受する」とは，当該リース物件を自己所有するとするならば得られると期待されるほとんどすべての経済的利益を享受することであり，また，「リース物件の使用に伴って生じるコストを実質的に負担する」とは，当該リース物件の取得価額相当額，維持管理等の費用，陳腐化によるリスク等のほとんどすべてのコストを負担することである（会計基準第36項）。

　このフルペイアウトの条件については次のような考え方が前提となっている。

　すなわち，借手がリース物件の使用に伴って生じるコスト（当該リース物件の取得価額相当額，維持管理等の費用，陳腐化によるリスク等）を実質的に負担する場合には，借手はリース物件からもたらされる経済的利益を実質的に享受することになると推定できる。同様に，借手がリース物件からもたらされる経済的利益を実質的に享受することができる場合には，通常，借手はリース物件の使用に伴って生じるコストを負担することになると推定できる（適用指針第93項）。

　読者諸賢には，この解約不能（ノンキャンセラブル）とフル・ペイアウトの2つの識別要件を常に記憶していただき，本書を読み進めていただきたい。

　なお，フル・ペイアウトの要件については，本章第7節で詳述する。

　②　オペレーティング・リース取引

　オペレーティング・リース取引とは，ファイナンス・リース取引以外のリース取引をいう（会計基準第6項）。

(2)　その他の分類

　リースの分類方法はさまざまあるが，本書では入門書であることと改訂基準の解説という主目的を考え，基準に示してある重要なリース取引であるセール・アンド・リースバック取引と実務上重要と思われるレバレッジド・リースのみを概説しておきたい。

① セール・アンド・リースバック

セール・アンド・リースバック取引とは、借手がその所有する物件を貸手に売却し、貸手から当該物件のリースを受ける取引をいう（会計基準第48項）。

セール・アンド・リースバック取引がファイナンス・リース取引に該当するかどうかの判定は、すでに解説した「ファイナンス・リース取引の判定基準」による。

もともとこのセール・アンド・リースバック取引は、我が国では所有資産の売却によって売却益を計上することや、リースの活用による経営合理化を目的としていたとされる（秋山、1999、P.244）。

このセール・アンド・リースバック取引の仕組みは図表Ⅰ-4に示してある。売手は、自己保有資産を買手に売却する売買契約を締結するとともに、当該資産を借り受けるためのリース契約を締結する。このリース契約は、売手が借手、買手が貸手となるから、資産の移転はない。すなわち、売手は借手として引き続き資産を利用できる。借手（売主）は貸手（買手）から売却代金を受領するとともに、以後リース契約書に定められたリース期間にわたり、リース料を支払う。

☞191頁参照

図表Ⅰ-4　セール・アンド・リースバック取引の仕組み

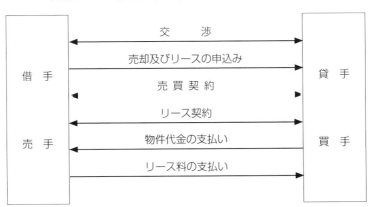

（出所）秋山、1999、P.244を一部改変

②　レバレッジド・リース

　レバレッジド・リースとは，航空機や船舶という大型リース物件に活用されるリース取引で，投資家が物件価額の一部（20％～40％とされる）を自己資金で，残りを金融機関等の第三者借入で資金調達し，物件を購入するとともに，法定耐用年数より長いリース期間を設定して借手にリースする取引をいう。

　レバレッジ（leverage）とは，梃子（てこ）の意味である。このため，レバレッジド・リースとは，梃子の原理のように，少額投資資金で多くの税務上の恩典を受けながら，高い投資利回りを得るレバレッジ効果を期待するリースである。
☞203頁参照

6 リース会計の必要性

(1) 経済的実質

フル・ペイアウトのリース契約の内容は，基本的に以下のとおりである。

① 解約不能
② 借手によるリース物件の維持管理責任
③ 瑕疵担保責任は貸手にはなし
④ 陳腐化リスクは借手が負う
⑤ リース料は，借手が取得したと同じ取得原価や保険料，固定資産税まで負担させられるように算定される。

このように考えれば，ファイナンス・リースは，企業が銀行から借入れを行い当該資金で資産を購入するか，割賦で設備支払手形を振り出し資産を購入した場合と経済的実質は全く同じである。仮に，ファイナンス・リース取引を後述の賃貸借処理にしてしまうと，図表Ⅰ-5のように経済的実質は借入れや設備手形の振出しによる取得と同じでも異なった会計処理がされてしまう。この論理的不整合を排除しなければならない。

設 例

1. ¥3,000,000の機械を借入れか設備手形でX1年期首に取得する又は，ファイナンス・リースで調達する。
2. 資産の耐用年数：3年
3. 減価償却方法：定額法
4. 借入金や設備手形は，期間は3年で毎期末に決済する。
5. 借入利率：年3.00％
6. 割賦手形の利息：年10.00％
7. リースの場合，取得原価のほかに取得原価の10％の手数料や固定資産税等その他の実費を負担すると仮定する。

I．借入れによる購入

	X1年 期首	X1年 期末	X2年	X3年
貸借対照表				
1．資産				
機械装置	3,000,000	3,000,000	3,000,000	3,000,000
減価償却累計額	0	−1,000,000	−2,000,000	−3,000,000
2．負債				
長期借入金	3,000,000	2,000,000	1,000,000	0
損益計算書				
販売費・一般管理費				
減価償却費		1,000,000	1,000,000	1,000,000
営業外費用				
支払利息		90,000	60,000	30,000

II．設備手形による購入

	X1年 期首	X1年 期末	X2年	X3年
貸借対照表				
1．資産				
機械装置	3,000,000	3,000,000	3,000,000	3,000,000
減価償却累計額	0	−1,000,000	−2,000,000	−3,000,000
長期前払利息	600,000	300,000	100,000	0
2．負債				
設備支払手形	3,600,000	2,300,000	1,100,000	0
損益計算書				
販売費・一般管理費				
減価償却費		1,000,000	1,000,000	1,000,000
営業外費用				
支払利息		300,000	200,000	100,000

Ⅲ. リースによる調達	X1年		X2年	X3年
	期首	期末		
損益計算書				
リース料		1,100,000	1,100,000	1,100,000

(2) 企業間比較

　ファイナンス・リースにつき，借入れや設備手形の振出しによる取得と同様の処理をすると，

① 負債額の増加

② 総資産の増加

③ リース期間の初期における費用の増加

があるとされている（Kieso, Weygandt and Warfield, 2006, P1120）。

　企業が，ファイナンス・リースを賃貸借処理し，資産負債をオフ・バランスにすると，負債や総資産の増加を制御しつつ必要資産の調達が可能になるとともに，負債資本比率の上昇と総資産利益率の低下を制御することが可能となる。このため，制度的制約がなければ企業は好んで賃貸借処理を採用するであろう。

　ファイナンス・リースのように，経済的実質は所有していると同様な場合において，賃貸借処理を認めてしまうと，企業間比較ができなくなる。

7　リース取引の分類と判定基準
－フル・ペイアウトの判定－

　リース取引がファイナンス・リース取引に該当するかどうかについては，解約不能とフル・ペイアウトの2つの要件（会計基準第5項）を満たす必要があり，その経済的実質に基づいて判断すべきものであるが，フル・ペイアウトの判定には，次の(1)又は(2)のいずれかに該当するかどうかのテストを行う。次の現在価値基準又は経済的耐用年数基準のいずれかに該当する場合には，ファイナンス・リース取引と判定される（適用指針第9項）。

(1)　現在価値基準
　解約不能のリース期間中のリース料総額の現在価値が，当該リース物件を借手が現金で購入するものと仮定した場合の合理的見積金額（「見積現金購入価額」）の概ね90％以上であること（図表Ⅰ－5）。
　現在価値基準適用上の留意点は次のように整理できる。
　①　再リース料（適用指針第11項）
　借手が再リースを行う意思が明らかな場合を除き，再リースに係るリース期間（再リース期間）又はリース料は，解約不能のリース期間又はリース料総額に含めない。
　②　維持管理費用相当額の取扱い（適用指針第14項）
　借手が負担するリース料の中には，通常の場合，リース物件の維持管理に伴う固定資産税，保険料等の諸費用（維持管理費用相当額）が含まれる。維持管理費用相当額は，これをリース料総額から控除するのが原則であるが，その金額がリース料に占める割合に重要性が乏しい場合は，これをリース料総額から控除しないことができる。

図表Ⅰ-5 現在価値基準の適用

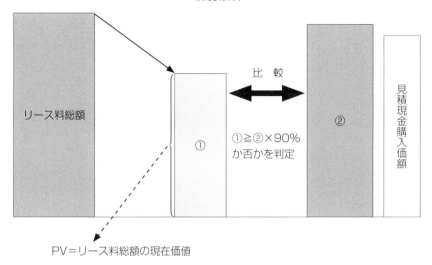

　リース契約において，リース期間終了時に，リース物件の処分価額が契約上取り決めた保証価額に満たない場合は，借手に対して，その不足額を貸手に支払う義務，すなわち「残価保証」が課せられることがある。リース契約上に残価保証の取決めがある場合は，残価保証額をリース料総額に含める。なお，貸手においては，借手以外の第三者による保証がなされた場合についても，当該保証額をリース料総額に含める。

③　製造業者又は販売業者の取扱い（適用指針第16項）

　製品又は商品を販売することを主たる事業としている企業が，同時に貸手として同一製品又は商品をリース取引の対象物件としている場合には，その見積現金購入価額は貸手の製作価額や現金購入価額によらず，当該リース物件の借手に対する現金販売価額を用いる。

④　現在価値の算定に用いる割引率（適用指針第16項，95項）

　貸手が現在価値の算定を行うにあたっては，リース料総額（残価保証がある場

合は，残価保証額を含む。）と見積残存価額，すなわちリース期間終了時に見積もられる残存価額で残価保証額以外の額の合計額の現在価値が，購入価額等すなわち当該リース物件の現金購入価額又は借手に対する現金販売価額と等しくなるような利率（貸手の計算利子率）を用いる。借手が現在価値の算定のために用いる割引率は，貸手の計算利子率を知り得る場合は当該利率とし，知り得ない場合は借手の追加借入に適用されると合理的に見積もられる利率とする。

具体的には，次のような利率の中からその企業にとって適当と認められるものを用いることになる。

(i) リース期間と同一の期間におけるスワップレートに借手の信用スプレッドを加味した利率
(ii) 新規長期借入金等の利率
　① 契約時点の利率
　② 契約が行われた月の月初又は月末の利率
　③ 契約が行われた月の平均利率
　④ 契約が行われた半期の平均利率

なお，(ii)の新規長期借入金等の利率を用いる場合には，リース期間と同一の期間の借入れを行う場合に適用される利率を用いる。

また，1つのリース契約が多数のリース物件から構成されているような場合には，個々のリース物件ごとに現在価値基準の判定を行わずにリース契約全体で判定を行うことも認められる。

(2) 経済的耐用年数基準

解約不能のリース期間が，当該リース物件の経済的耐用年数の概ね75％以上であること（ただし，リース物件の特性，経済的耐用年数の長さ，リース物件の中古市場の存在等を勘案すると，上記(1)の判定結果が90％を大きく下回ることが明らかな場合を除く。）。

適用指針では，フルペイアウトの判定を行う原則的基準は現在価値基準と考えているが，現在価値の計算をすべてのリース取引について行うことは実務上

極めて煩雑と考えられるところから，簡便法としての経済的耐用年数基準を設けている（適用指針第94項）。

経済的耐用年数基準の適用上の留意点は次の通りである。
① 再リース期間（適用指針第11項）
借手が再リースを行う意思が明らかな場合を除き，再リース期間は解約不能のリース期間に含めない。
② 経済的耐用年数（適用指針第12項）
経済的使用可能予測期間に見合った年数による。この経済的耐用年数として，経済的使用可能予測期間と著しい相違がある等の不合理と認められる事情のない限り，税法耐用年数を用いて判定を行うことも認められる。なお，1つのリース契約が多数のリース物件から構成されているような場合には，個々のリース物件ごとに経済的耐用年数基準の判定を行わずに全リース物件の加重平均耐用年数により判定を行うことも認められる（適用指針第96項）。
③ 現在価値基準による場合（適用指針第13項）
リース期間が経済的耐用年数の概ね75％以上であっても借手がリース物件に係るほとんどすべてのコストを負担しないことが明らかな場合には現在価値基準のみにより判定を行う。

8　ファイナンス・リース取引の分類と判定基準

　前節でファイナンス・リース取引と判定されたもののうち，次の(1)から(3)のいずれかに該当する場合には，所有権移転ファイナンス・リース取引に該当するものとし，それ以外のファイナンス・リース取引は，所有権移転外ファイナンス・リース取引に該当するものとする（適用指針第10項）。

(1)　所有権移転条項の存在
　リース契約上，リース期間終了後又はリース期間の中途で，リース物件の所有権が借手に移転することとされているリース取引

(2)　割安購入選択権の存在
　リース契約上，借手に対して，リース期間終了後又はリース期間の中途で，名目的価額又はその行使時点のリース物件の価額に比して著しく有利な価額で買い取る権利（「割安購入選択権」）が与えられており，その行使が確実に予想されるリース取引

(3)　特別仕様物件
　リース物件が，借手の用途等に合わせて特別の仕様により製作又は建設されたものであって，当該リース物件の返還後，貸手が第三者に再びリース又は売却することが困難であるため，その使用可能期間を通じて借手によってのみ使用されることが明らかなリース取引

　これまでの解説を，図表にして整理すると，図表Ⅰ−6のようになる。

PART I　リース会計の基礎

図表 I-6　ファイナンス・リースの判定図

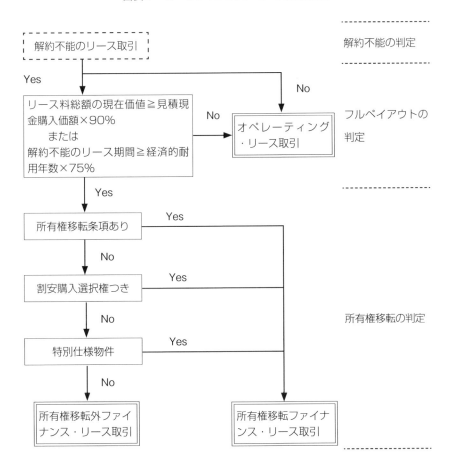

9 リース取引の基本的会計処理

(1) 会計処理の考え方

リース取引の会計処理については,次の賃貸借処理と売買処理の2つがある。

① 賃貸借処理(図表Ⅰ-7参照)

A 借　　手

リース料を支払時に支払リース料として費用計上する。このため,リース資産及びリース債務は貸借対照表上オフ・バランスとなる。

B 貸　　手

借手から受け取るリース料を受取リース料として,営業収益に計上するとともにリース資産の減価償却計算を行い,リース原価として計上する。

リース物件は,貸借対照表上リース資産として計上される。

図表Ⅰ-7　賃貸借処理

	借　　手	貸　　手
B/S	1. 資産 　リース資産：非計上 2. 負債 　リース負債：非計上	1. 資産 　リース資産　　＊＊＊
P/L	製造原価又は販売費及び一般管理費の内訳 　支払リース料　　＊＊＊	1. 営業収益 　受取リース料　　＊＊＊ 2. リース原価 　減価償却費　　　＊＊＊

② 売買処理(図表Ⅰ-8参照)

A 借　　手

貸借対照表上，リース物件を資産計上するとともに，リース期間にわたるリース料総額をリース債務として負債計上する。

支払リース料は，リース債務の元本返済と支払利息に分割され，リース資産については，減価償却計算が行われる。

B　貸　　手

リース債権を貸借対照表上計上し，受取リース料は受取利息とリース債権の回収として処理する。

図表 I − 8　売買処理

	借　　手	貸　　手
B/S	1．資産 　リース資産　＊＊＊ 2．負債 　リース負債　＊＊＊	1．資産 　リース債権　＊＊＊
P/L	製造原価又は販売費及び一般管理費 　減価償却費 営業外費用 　支払利息　＊＊＊	営業収益 　受取利息　＊＊＊

(2)　リース取引に関する会計基準の規定

リース取引に関する会計基準は，原則的処理として，ファイナンス・リース取引については，売買処理，オペレーティング・リース取引については，賃貸借処理を規定している。

ただし，貸手の所有権移転外ファイナンス・リース取引については，リース債権ではなく「リース投資資産」を計上するよう規定している（会計基準第13号）。

ファイナンス・リース取引の会計処理と貸借対照表への表示については，図表 I − 9 のようにまとめられる。なお，オペレーティング・リース取引の会計処理については前項のとおりである。

図表Ⅰ-9　ファイナンス・リース取引の会計処理と貸借対照表表示

所有権移転ファイナンス・リース取引

借　　手	貸　　手
有形固定資産 　リース資産　　＊＊＊ 無形固定資産 　リース資産　　＊＊＊ （注1） 流動負債 　リース負債　　＊＊＊ 固定負債 　リース負債　　＊＊＊ （注2）	流動資産 　リース債権　　＊＊＊ 固定資産 　リース債権　　＊＊＊ （注3）

（注1）有形固定資産又は無形固定資産に属する各科目に含めることもできる。
（注2）分類基準は1年基準（支払期限の到来日が，貸借対照表日後1年以内か1年超かによる分類）
（注3）主目的たる営業取引による場合には，流動資産とする。営業の主目的以外の取引により発生した場合には，1年基準により分類する。

所有権移転外ファイナンス・リース取引

借　　手	貸　　手
有形固定資産 　リース資産　　＊＊＊ 無形固定資産 　リース資産　　＊＊＊ （注1） 流動負債 　リース負債　　＊＊＊ 固定負債 　リース負債　　＊＊＊ （注2）	流動資産 　リース投資資産　　＊＊＊ 固定資産 　リース投資資産　　＊＊＊ （注3）

（注1）有形固定資産又は無形固定資産に属する各科目に含めることもできる。
（注2）分類基準は1年基準（支払期限の到来日が，貸借対照表日後1年以内か1年超かによる分類）
（注3）主目的たる営業取引による場合には，流動資産とする。営業の主目的以外の取引により発生した場合には，1年基準により分類する。

10　重要性の判定基準

(1) ファイナンス・リース取引－借手関連判定基準
① 所有権移転ファイナンス・リース取引

　A　個別資産基準

　個々のリース資産に重要性がないと認められる場合とは，次のいずれかを満たす場合とする（適用指針第46項）。

　(a)　重要性の原則（一般原則）

　重要性が乏しい減価償却資産について，購入時に費用処理する方法が採用されている場合で，リース料総額が当該基準額以下のリース取引

　ただし，リース料総額にはリース物件の取得価額のほかに利息相当額が含まれているため，その基準額は当該企業が減価償却資産の処理について採用している基準額より利息相当額だけ高めに設定することができる。また，この基準額は，通常取引される単位ごとに適用されるため，リース契約に複数の単位のリース物件が含まれる場合は，当該契約に含まれる物件の単位ごとに適用できる。

　(b)　リース期間が1年以内のリース取引

　B　簡便処理

　個々のリース資産に重要性がないと認められる場合は，オペレーティング・リース取引の会計処理に準じて，通常の賃貸借取引に係る方法に準じて会計処理を行うことができる。

② 所有権移転外ファイナンス・リース取引

　A　リース資産総額基準

　(a)　数値基準

リース資産総額に重要性がないと認められる場合とは，未経過リース料の期末残高（通常の賃貸借取引に係る方法に準じて会計処理を行うこととしたものや，利息相当額を利息法により各期に配分しているリース資産に係るものを除く。）が当該期末残高，有形固定資産及び無形固定資産の期末残高の合計額に占める割合が10％未満である場合とする（適用指針第32項，下記算式参照）。

$$\frac{\text{未経過リース料の期末残高}}{\text{（未経過リース料＋有形固定資産＋無形固定資産）の期末残高}} < 10\%$$

　(b)　簡便処理

リース資産総額に重要性がないと認められる場合は，次のいずれかの方法を適用することができる（適用指針第31項）。

　　(イ)　支払リース料の区分計算省略

　　　リース料総額から利息相当額の合理的な見積額を控除しない方法によることができる。この場合，リース資産及びリース債務は，リース料総額で計上され，支払利息は計上されず，減価償却費のみが計上される。

　　(ロ)　利息法の省略

　　　利息相当額の総額をリース期間中の各期に配分する方法として，定額法を採用することができる。

　B　個別リース資産基準

　(a)　数値基準

個々のリース資産に重要性がないと認められる場合とは，次のいずれかを満たす場合とする（適用指針第35項）。

　　(イ)　重要性の原則（一般原則）

　　　重要性が乏しい減価償却資産について，購入時に費用処理する方法が採用されている場合で，リース料総額が当該基準額以下のリース取引である。ただし，リース料総額にはリース物件の取得価額のほかに利息相当額が含まれているため，その基準額は当該企業が減価償却資産の処理について採用している基準額より利息相当額だけ高めに設定することができる。また，この基準額は，通常取引される単位ごとに適用されるため，リース

契約に複数の単位のリース物件が含まれる場合は，当該契約に含まれる物件の単位ごとに適用できる。
　(ロ)　期間基準
　　リース期間が1年以内のリース取引
　(ハ)　金額基準
　　企業の事業内容に照らして重要性の乏しいリース取引で，リース契約1件当たりのリース料総額（維持管理費用相当額又は通常の保守等の役務提供相当額のリース料総額に占める割合が重要な場合には，その合理的見積額を除くことができる。）が300万円以下のリース取引
(b)　簡便処理
　個々のリース資産に重要性がないと認められる場合は，オペレーティング・リース取引の会計処理に準じて，通常の賃貸借取引に係る方法に準じて会計処理を行うことができる。

(2)　ファイナンス・リース取引－貸手関連判定基準

①　リース業を主たる事業としている企業

　リース取引を主たる事業としている企業は，以下の簡便的な取扱いは適用できない（適用指針第60項）。

②　その他の企業

A　利息相当額定額配分法の採用

　その他の企業は，以下の算式を満たす場合，利息相当額の総額を利息法（所有権移転外ファイナンス・リース取引の会計処理（原則法），PARTⅣの2を参照）によらず，各期に定額で配分する方法（所有権移転外ファイナンス・リース取引の会計処理（簡便法）PartⅣの3を参照）を選択することができる（適用指針第59項，60項及び129項）。　　　　　　　　　　　　　　☞137頁，142頁参照

$$\frac{\text{未経過リース料及び見積残存価額の合計額の期末残高}}{\text{未経過リース料及び見積残存価額の合計額の期末残高 ＋ 営業債権の期末残高}} < 10\%$$

B　ファイナンス・リース取引の注記を一部要しない場合

上記Aの算式を満たす場合は，リース料債権等に関する注記（PARTⅣの13を参照）が省略できる（会計基準第20項，21項，適用指針第71項）。　☞175頁参照

(3) ファイナンス・リース取引における少額リース資産及び短期契約のリース資産

借手はリース契約1件当たり300万円以下またはリース期間が1年以内の所有権移転外ファイナンス・リース取引を売買処理ではなく，賃貸借処理することができる（PARTⅢの9を参照）が，貸手には，借手において認められているこの重要性の判断基準はない。　☞118頁参照

その理由は，売買処理の事務処理の煩雑さは，特に借手において顕著であり，貸手の大手リース会社は契約・会計システムが整備されており，その事務処理の煩雑さは特に問題とならないから，と考えられる。

これまでの(1)～(3)の解説は，図表Ⅰ-10のように整理できる。

図表Ⅰ-10　重要性の判断基準（ファイナンス・リース取引）

リースの分類	会計主体	リース資産総額基準		個別リース資産基準	
		判定基準	簡便処理	判定基準	簡便処理
所有権移転ファイナンス・リース	借手	適用なし		1. 少額資産基準 2. リース期間1年以下基準	賃貸借処理
	貸手	未経過リース料等10％未満基準	注記省略（注）	適用なし	
所有権移転外ファイナンス・リース	借手	未経過リース料10％未満基準	利息相当額非控除法，利息法省略	1. 少額資産基準 2. リース期間1年以下基準 3. 一リース契約300万円以下基準	賃貸借処理
	貸手	未経過リース料等10％未満基準	利息配分額法 注記省略	適用なし	

（注）利息に関する簡便法は認められない。

(4) オペレーティング・リース取引関連判定基準

① 原則的処理

オペレーティング・リース取引のうち解約不能のものに係る未経過リース料は，貸借対照表日後1年以内のリース期間に係るものと，貸借対照表日後1年を超えるリース期間に係るものとに区分して注記する（会計基準第22項）。

解約不能のリース取引として取り扱われるものは，ファイナンス・リース取引の場合（PARTⅠの5⑴を参照）と同様である。　　　　　　☞16頁参照

図表Ⅰ-11　オペレーティング・リースの会計処理開示

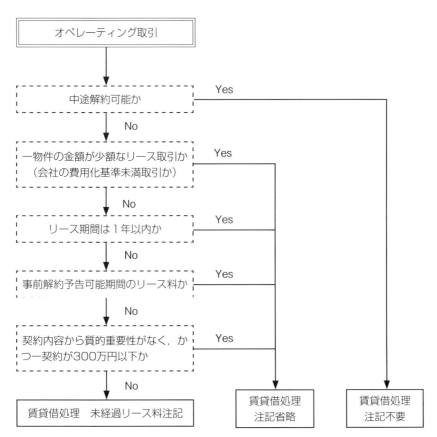

② 注記省略

オペレーティング・リース取引のうち，重要性が乏しい場合には上記①の注記は要しない（会計基準第22項）。

注記を要しないとされる重要性が乏しい場合とは，次のいずれかに該当する場合をいう（適用指針第75項）。

(1) 個々のリース物件のリース料総額が，会社の費用化基準以内に該当するリース取引
(2) リース取引開始日からのリース期間が１年以内のリース取引
(3) 契約上数か月程度の事前予告をもって解約できるものと定められているリース契約で，その予告した解約日以降のリース料の支払を要しないリース取引における事前解約予告期間（すなわち，解約不能期間）に係る部分
(4) 企業の事業内容に照らして重要性の乏しいリース取引でリース契約１件当たりのリース料総額（維持管理費用相当額又は通常の保守等の役務提供相当額のリース料総額に占める割合が重要な場合には，その合理的見積額を除くことができる。）が300万円以下のリース取引

③ 留意事項

上記①と②の注記に関する取扱いは，借手も貸手も同一である（会計基準第22項）。

11 リース会計基準による会計処理と開示

(1) 会計処理と開示
これまでの解説を一覧で示すと図表Ⅰ-12となる。

(2) 判定基準
図表Ⅰ-12の会計処理と開示の一覧表において，図表Ⅰ-13の判定基準が用いられる。本書の該当解説部分と，背後の根拠条文を再確認されたい。

図表Ⅰ-12 会計処理及び開示

```
                    リース取引
                       ↓
              ① 解約不能の判定 ──Yes──→ ② フルペイアウトの判定
                       │ No              │ No        │ Yes
                       │        ┌────────┘           │
                       ↓        ↓                    ↓
             オペレーティング・リース取引      ファイナンス・リース取引
                       │                             ↓
                       │                    ③ 所有権移転の判定
                       │                     No ┌────┴────┐ Yes
                       │                        ↓         ↓
                       ↓               所有権移転外ファイ  所有権移転ファイナ
             ④ 解約不能の判定           ナンス・リース取引  ンス・リース取引
              No │     │ Yes                   ↓
                 │     │              ⑤ 重要性の判定
                 │     │               (リース資産総額)
                 │     │                No ┌──┴──┐ Yes
                 │     ↓                   │     ↓              ↓
                 │  ⑧ 重要性の判定         │  ⑥ 重要性の     ⑦ 重要性の
                 │   No │  │ Yes           │     判定(注)        判定(注)
                 │      │  │               │   No │ Yes      No │ Yes
                 ↓      ↓  ↓               ↓     │  └──┬──┘    ↓
              賃貸借処理 賃貸借処理        簡便的   │     ↓         売買処理
              注記不要  注記開示          売買処理 │  賃貸借処理
```

(注) 貸手には,この判定はなく,⑤の判定のみである。また⑤の判定でYesの場合,「売買処理」に到達する。

図表Ⅰ-13　判定基準

	判　定　内　容
①,④	解約不能の判定
	規定損害金を支払う定めがあるか
②	フルペイアウト
	・現在価値基準
	・経済的耐用年数基準
③	所有権移転の判定
	・所有権移転条項の存在
	・割安購入選択権の存在
	・特別仕様物件
⑤	リース資産総額の判定（所有権移転外ファイナンス・リース取引に限定）
	・未経過リース料10％未満基準（注1）
⑥	個別（所有権移転外）ファイナンス・リース資産の重要性の判定（注2）
	・少額資産基準
	・リース期間1年以内基準
	・一リース契約300万円以下基準
⑦	個別（所有権移転）ファイナンス・リース資産の重要性の判定（注2）
	・少額資産基準
	・リース期間1年以内基準
⑧	オペレーティング・リースに関する重要性の判定
	・少額資産基準
	・リース期間1年以内基準
	・事前解約予告期間リース料基準
	・一リース契約300万円以下基準

（注1）借手と貸手では判定内容が異なるので，留意されたい。
（注2）貸手には，この判定基準は適用されない。⑤で重要性があると判定されると「売買処理」され，利息相当額は利息法により配分される。

PART II

借手の処理(基本編)

1 リース取引の分類と借手の会計処理

　リース会計では、リース取引をその取引の内容に応じて分類した上で、それぞれに適した会計処理を行う。リース取引の分類と会計処理との関係は次の通りである。

図表Ⅱ-1　リース取引の分類と会計処理

リース取引			会計処理	
			従来	新基準
ファイナンス・リース取引	所有権移転ファイナンス・リース取引		売買処理	売買処理
	所有権移転外ファイナンス・リース取引	原則	売買処理	売買処理
		例外	賃貸借処理（注記が要件）	廃止
オペレーティング・リース取引			賃貸借処理	賃貸借処理

　平成19年に公表された新会計基準では、所有権移転ファイナンス・リースだけではなく、所有権移転外ファイナンス・リースについても、例外なく売買取引に準じて会計処理を行うこととなった（会計基準第9項、適用指針第21項、36項）。ただし、依然として両者を分類している（会計基準第8項）。これは、リース資産の減価償却方法、利息相当額に関する取扱い等に違いがあるためである。

──【コーヒーブレーク】────────────────────────────

　平成19年に公表された会計基準の最も大きな論点は，所有権移転外ファイナンス・リース取引に関する例外処理の廃止である。平成15年に公表された会計基準では，ファイナンス・リース取引は，原則として通常の売買取引に係る方法に準じて会計処理するとしつつも，ファイナンス・リース取引のうち，所有権移転外ファイナンス・リース取引については，売買処理を行った場合と同等の情報を注記で開示することを条件に，例外的に賃貸借処理に準じた処理を行うことも可能としていた。今回，所有権移転外ファイナンス・リース取引に関する賃貸借処理に準じた例外処理が廃止されたが，その主な理由は次の通りである。

① 　ファイナンス・リース取引は，所有権移転ファイナンス・リース，所有権移転外ファイナンス・リースともに，割賦販売と同等の経済実態を有しており，両者は同等の会計処理を行うべきである。

② 　しかしながら，実務上，所有権移転外ファイナンス・リースは，原則処理ではなく，ほとんど例外処理である賃貸借に準じた処理が適用されている。

③ 　売買処理，賃貸借処理のいずれかを選択するかで，会計処理は全く異なるものとなり，その結果財務諸表の比較可能性を損ねている。

④ 　国際的な会計基準では，所有権移転外ファイナンス・リース取引のような取引は売買処理となる。

　所有権移転外ファイナンス・リース取引の例外処理の廃止については両論あったが，従来の会計基準でも原則は売買処理と定められていたわけで，会計基準の趣旨を考えると，この変更は妥当なものと言える。（会計基準改訂の経緯と改訂理由の詳細については，PART Ⅰの1を参照）　　　　　☞3頁参照

────────────────────────────────────

　「売買取引に準じた会計処理」では，実際に固定資産を購入した場合と同様にリース物件を資産に計上した上で，債務を相手勘定に計上しなければならない。実際の購入であればその購入価額を計上価額とすれば良いが，リース資産の場合には実際に物品を購入しているわけではないので，固定資産の計上価額は別途検討しなければならない（PART Ⅱの6を参照）。一方，「通常の賃貸借取引に準じた会計処理」の場合，リース料をその支払時に費用として計上することになる。

☞56頁参照

2 借手におけるリース取引の判定

(1) リース取引の判定

　リース取引がファイナンス・リース取引に該当するためには，1）「解約不能」かつ，2）「フルペイアウト」，つまり全額負担（貸手にとっては全額回収）のリース取引でなければならない。ここで，「フルペイアウト」の判定を行う具体的な基準として「現在価値基準」と「経済的耐用年数基準」があり，このいずれかに該当する場合には，「フルペイアウト」のリース取引と判断する。また，ファイナンス・リース取引と判定されたもののうち，1）所有権移転条項あり，2）割安購入選択権あり，3）特別仕様物件，のいずれかに該当する場合には，所有権移転ファイナンス・リース取引に該当し，それ以外は，所有権移転外ファイナンス・リース取引に該当するものとする（詳細はPART Iの7を参照）。判定の流れは図表Ⅱ-2を参照。　　　　　　　　　　　☞ 24頁参照

(2) 借手が行うリース取引判定の特徴

　① 現在価値の算定に用いる割引率

　フルペイアウトに該当するかどうかについての具体的判定基準である現在価値基準においては，図表Ⅱ-2の通りリース料総額を一定の割引率で割り引いて現在価値を算定しなければならない。ここで，貸手であれば物件をリースすることによる利回り，つまり「リース料総額と見積残存価額の合計額の現在価値が当該リース物件の現金購入価額（又は借手に対する現金販売価額）と等しくなるような利率（これを「貸手の計算利子率」という。）」を割引率として使用することができる。しかし，実務上，借手は当該リース物件の現金購入価額等を知ることは稀なので，通常「貸手の計算利子率」を知り得ない。この場合，借手

は追加で借入れを実行した場合に適用される利子率（これを「借手の追加借入に適用される利子率」という。）を割引率として使用することになる（適用指針第17項）。具体的には，リース期間は長期にわたることより新規に長期借入れを実行した場合の利率等を適用することになる。

図表Ⅱ－2　リース取引の判定フロー

```
            解約不能（解約に際し相当の違約金を支払う場合も含む）
                    ＋                                          ＋
    【現在価値基準-原則法-】                    【経済的耐用年数基準-簡便法-】
    リース料総額    見積現金                   解約不能の    経済的耐
    の現在価値  ≧ 購入価額 ×90%    又は      リース期間 ≧ 用年数  ×75%

                              ↓ Yes                                      ↓ No
    ┌─────┐   ┌─────┐   ┌─────┐
    │所有権移転│又は│割安購入選│又は│特別仕様物件│
    │条項あり  │   │択権あり  │   │         │
    └─────┘   └─────┘   └─────┘
        ↓ Yes              ↓ No
    ┌─────────┐  ┌─────────┐  ┌─────────┐
    │  所有権移転    │  │ 所有権移転外   │  │ オペレーティング・│
    │ファイナンス・リース取引│  │ファイナンス・リース取引│  │  リース取引    │
    └─────────┘  └─────────┘  └─────────┘
```

② 見積現金購入価額

同じく，現在価値基準においてリース料総額の現在価値と比較する見積現金購入価額は，借手が貸手の現金購入価額（又は借手に対する現金販売価額）を知っている場合にはこの価額を使用する。しかしながら，①で示した通り，通常この価額を知り得ないので，借手はメーカー等から新たに見積書を取り寄せるなど，適当と認められる方法で現金購入価額を見積もらなければならない（適用指針第95項）。

このように，借手は限られた情報の中でリース取引の判定を行う必要がある。以下において，借手が「貸手の計算利子率」を知らない場合と知っている場合に分けて事例を示す。

PART Ⅱ　借手の処理（基本編）

3　借手におけるリース取引の判定
－借手が「貸手の計算利子率」を知らない場合－

〔設例1〕所有権移転ファイナンス・リース取引－判定－

基本情報	リース期間	×1年4月1日から×11年3月31日
	リース料総額	120,000千円
	（解約不能の）リース期間	10年
	リース物件の経済的耐用年数	15年
	借手の見積現金購入価額	100,000千円
	借手の追加借入利子率	年3％
	貸手のリース物件の購入価額	不明
	貸手の見積残存価額	不明
	リース料は1年毎（各期末）12,000千円の後払い，全10回払い		
	所有権移転条項あり（リース期間終了時に無償でリース資産を借手に譲渡する取引），割安購入選択権なし，特別仕様なし		

(1)　割　引　率

　借手は「貸手の計算利子率」を知らない。よって借手が追加借入を行った場合の利子率3％をリース料総額の現在価値を算定するための割引率として使うことになる。

(2)　現在価値基準による判定

　解約不能のリース取引なので，現在価値基準か経済的耐用年数基準のどちらかの条件に合致すればフルペイアウトのリース取引と判断され，ファイナンス・リース取引に該当することになる。現在価値基準における「現在価値」とは，将来の現金流入（流出）が仮に現在発生したらいくらになるかを示した金額で，

49

将来キャッシュ・フローを一定の割引率で割引計算して算定する。この事例の場合，(1)の割引率３％を使い，各期末にリース料を 12,000 千円ずつ支払うことになっているので，現在価値は，以下のとおりとなる。

$$現在価値 = \frac{12,000}{(1+0.03)} + \frac{12,000}{(1+0.03)^2} + \cdots + \frac{12,000}{(1+0.03)^{10}} = 102,362 千円$$

よって判定は，

現在価値 102,362 千円 ≧ 見積現金購入価額 100,000 千円 × 90％

図表Ⅱ－3　現在価値基準による判定

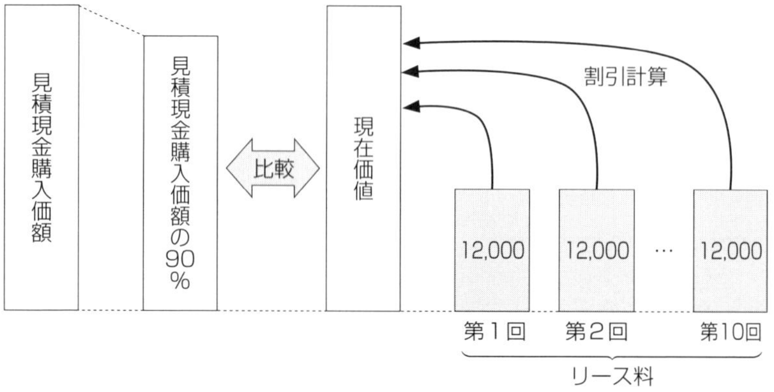

(3) 経済的耐用年数基準による判定

次に，経済的耐用年数基準による判定は，

解約不能のリース期間 10 年 ＜ 経済的耐用年数 15 年 × 75％

図表Ⅱ-4　経済的耐用年数基準による判定

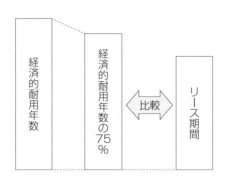

(4) 結　　論

　解約不能であり，しかも現在価値基準と経済的耐用年数基準のうち，(2)の現在価値基準においてフルペイアウトの条件に合致するのでファイナンス・リース取引に該当する。また，所有権移転条項あり（リース期間終了時にリース資産を借手に譲渡する取引）なので，所有権移転ファイナンス・リース取引に該当する。

図表Ⅱ-5　リース取引の判定フロー

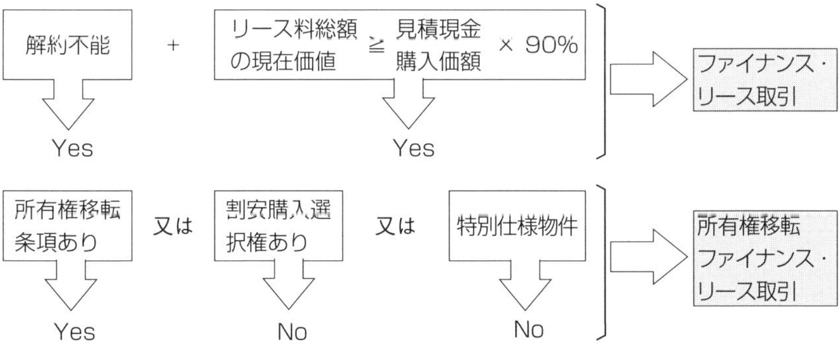

4 借手におけるリース取引の判定
－借手が「貸手の計算利子率」を知っている場合－

〔設例2〕所有権移転外ファイナンス・リース取引－判定－

基本情報	下記以外は【借手の設例1・49頁】の条件と同じ	
	貸手のリース物件の購入価額	100,000千円
	貸手の見積残存価額	5,000千円
	所有権移転条項，割安購入選択権，特別仕様はいずれもなし	
	借手は，上記で示した貸手のリース物件の購入価額，貸手の見積残存価額をいずれも知っている	

(1) 割引率

借手は，貸手のリース物件の購入価額100,000千円及び残存価額5,000千円を知っている。「貸手の計算利子率」は，「リース料総額と見積残存価額の合計額の現在価値が当該リース物件の現金購入価額（又は借手に対する現金販売価額）と等しくなるような利率」として計算できる。よって，現在価値を算定するための割引率として「貸手の計算利子率」を使用することができる。この事例では，

$$\frac{12,000}{(1+r)} + \frac{12,000}{(1+r)^2} + \cdots + \frac{12,000 + 5,000}{(1+r)^{10}} = 100,000 \text{千円}$$

が成立するrが「貸手の計算利子率」となる。r＝4.14%。なお，上記の計算において，見積残存価額5,000千円も計算要素に加えることになるので注意が必要である。

(2) 現在価値基準による判定

(1)で算定された「貸手の計算利子率」4.14%をリース料総額の現在価値を算

定するための割引率として使い，さらに各期末に12,000千円支払うので，現在価値は，以下のとおりとなる。

$$現在価値 = \frac{12{,}000}{(1+0.414)} + \frac{12{,}000}{(1+0.414)^2} + \cdots + \frac{12{,}000}{(1+0.414)^{10}} = 96{,}667 \text{千円}$$

よって判定は，

現在価値 96,667千円 ≧ 見積現金購入価額 100,000千円 × 90%

(3) 経済的耐用年数基準による判定

次に，経済的耐用年数基準による判定は，【設例1】と同様，

リース期間 10年 < 経済的耐用年数 15年 × 75%

(4) 結　論

【設例1】と同様，ファイナンス・リース取引に該当し，また所有権移転条項，割安購入選択権，特別仕様はいずれも該当しないので，所有権移転外ファイナンス・リース取引に該当する。

図表Ⅱ-6　リース取引の判定フロー

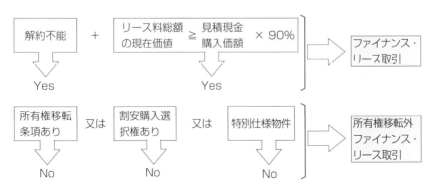

5 表計算ソフト（エクセル）を利用した現在価値等の計算

リース取引の判定においては，表計算ソフト（エクセル）を活用することにより現在価値の計算や貸手の計算利子率を簡単に算出することができる。

(1) 現在価値の計算

【設例１】で，リース料総額の現在価値を算定するための計算式は

$$\frac{12,000}{(1+0.03)} + \frac{12,000}{(1+0.03)^2} + \cdots + \frac{12,000}{(1+0.03)^{10}} = 102,362 \text{ 千円}$$

で示したが，この現在価値の102,362千円は表計算ソフト（エクセル）を使えば簡単に求められる。表計算ソフト（エクセル）を活用した現在価値の算定の例として以下の表を示す。

図表Ⅱ－7　エクセルを活用した現在価値の計算

	A	B	C	D	E	F	G	H	I	J	K	L
1												
2												
3		割引率	0.03									
4												
5		回数	1	2	3	4	5	6	7	8	9	10
6		支払月	×2/3	×3/3	×4/3	×5/3	×6/3	×7/3	×8/3	×9/3	×10/3	×11/3
7		リース料（千円）	12,000	12,000	12,000	12,000	12,000	12,000	12,000	12,000	12,000	12,000
8												
9		現在価値（千円）	102,362		C9のボックスに「=NPV(C3,C7:L7)」と入力し計算する。							
10												
11												

現在価値の計算はエクセルのＮＰＶ関数の機能を使用することによって計算できる。ＮＰＶ関数は投資に伴うキャッシュ・フローの現在価値を求める関数で，ＮＰＶは正味現在価値（Net Present Value）を意味する。現在価値を求めるために入力する関数は，「＝ＮＰＶ（割引率,将来の現金流入（流出）の範囲を指定）」

で示され，上表では，「＝ＮＰＶ（Ｃ３，Ｃ７：Ｌ７）」を入力する。「Ｃ３」は割引率であり，「Ｃ７：Ｌ７」はリース料（キャッシュ・フロー）の範囲を示している。

(2) 「貸手の計算利子率」の計算

【設例２】の「貸手の計算利子率」の算定においてもエクセルが利用できる。「貸手の計算利子率」は，「リース料総額と見積残存価額の合計額の現在価値が当該リース物件の現金購入価額又は借手に対する現金販売価額と等しくなるような利率」で，以下の式が成立するｒとなる。

$$\frac{12,000}{(1+r)} + \frac{12,000}{(1+r)^2} + \cdots + \frac{12,000+5,000}{(1+r)^{10}} = 100,000 千円$$

この利子率の計算は，ＩＲＲ関数を使用することによって計算できる。ＩＲＲ関数は投資の内部利益率（Internal Rate of Return）を求める関数で，具体的には「＝ＩＲＲ（投資と収入の範囲を指定）」を入力することにより算定できる。

図表Ⅱ－8　エクセルを活用した「貸手の計算利子率」の計算

	A	B	C	D	E	F	G	H	I	J	K	L	M
1													
2													
3		リース物件の購入価額(千円)	100,000										
4		見積残存価額(千円)	5,000										
5													
6		回数	貸手の購入価額	1	2	3	4	5	6	7	8	9	10
7		支払月	×1/4	×2/3	×3/3	×4/3	×5/3	×6/3	×7/3	×8/3	×9/3	×10/3	×11/3
8		リース料(千円)	-100,000	12,000	12,000	12,000	12,000	12,000	12,000	12,000	12,000	12,000	17,000
9													
10		貸手の計算利子率	0.0414										
11													

C10のボックスに「=IRR(C8:M8)」を入力し計算する。

上表では「＝ＩＲＲ（Ｃ８：Ｍ８）」と入力する。「Ｃ８：Ｍ８」は投資と収入（リース料総額と見積残存価額）の範囲を示す。なお，リース物件の購入価額は貸手にとって投資であり，マイナスのキャッシュ・フローなので内部収益率の計算ではマイナスとする。

55

6 ファイナンス・リース取引における リース資産（リース債務）の計上

(1) リース資産（リース債務）の計上

　ファイナンス・リース取引と判定されれば，借手は，リース取引開始日に，通常の売買取引に係る方法に準じた会計処理により，リース物件とこれに係る債務を，リース資産及びリース債務として計上しなければならない（会計基準第10項）。

| (借)リース資産 | ○○○ | (貸)リース債務 | ○○○ |

　この仕訳の結果，借方には固定資産が計上され，一方貸方には債務が計上されることになる。その後リース資産は通常の固定資産の処理と同様に減価償却の処理を行い，一方リース債務はリース料の支払の一部で返済処理をしていくことになる。

(2) リース資産（リース債務）の計上価額の考え方

　リース資産及びリース債務の計上価額の考え方としては，1）貸手の現金購入価額，2）借手の見積現金購入価額，3）リース料総額の現在価値，がある。これらの計上価額の考え方の違いを図表Ⅱ－9に示す。

図表Ⅱ－9　リース資産及びリース債務の計上価額

計上価額の算定方法	リース資産及びリース債務として計上する際の考え方
貸手の現金購入価額	リース資産そのものの価値。リース負債よりもリース資産の側面を重視した考え方である。

借手の見積現金購入価額	同様に、リース資産の価値を重視した考え方。借手が貸手のリース物件の購入価額を知らない場合の代替方法となる。
リース料総額の現在価値	借手が購入ではなくリースを選ぶのは、現在価値が購入価額を下回るからという行動に基づいた考え方。よって、リース債務の側面を重視した考え方と言える。

(3) 所有権移転ファイナンス・リース取引の場合

　所有権移転ファイナンス・リース取引の場合、リース資産及びリース債務の計上価額は、図表Ⅱ－9の3つの考え方の内「貸手の購入価額等」によることとしている（適用指針第37項(1)）。これは、所有権移転ファイナンス・リース取引の実体は資産の割賦取得と同様と考えられるためである。つまり、リース資産の側面を重視した考え方である。ただし、借手が貸手の購入価額等を知らない場合には、「リース料総額の現在価値」と「借手の見積現金購入価額」を比べいずれか低い額とする（適用指針第37項(2)）。貸手の購入価額等の代替方法としては「借手の見積現金購入価額」があるが、その計算には見積りという恣意的な要素が含まれるため、一概に借手の見積現金購入価額とはせず、「借手の見積現金購入価額」と「リース料総額の現在価値」を比べ、より少ない金額を計上額とする保守的な取扱いとしている。

〔設例1〕所有権移転ファイナンス・リース取引
　　　　－リース資産（債務）の計上－

　所有権移転ファイナンス・リース取引と判定された【設例1】では、貸手の現金購入価額が不明なので借手の見積現金購入価額100,000千円とリース料総額現在価値102,362千円を比べ、より少ない額である100,000千円がリース資産（リース債務）の計上価額となる。

(4) 所有権移転外ファイナンス・リース取引の場合

　所有権移転外ファイナンス・リース取引のリース資産及びリース債務の計上

価額は，リース料総額の現在価値と貸手の購入価額等のいずれか低い価額とする（適用指針第22項(1)）。ただし，貸手の購入価額等が明らかでない場合には，リース料総額の現在価値と借手の見積現金購入価額のいずれか低い額とする（適用指針第22項(2)）。所有権移転外ファイナンス・リース取引の場合，所有権移転ファイナンス・リース取引と違い貸手の購入価額等が明らかな場合にもリース料総額の現在価値との比較が要求されている。これは，所有権移転外ファイナンス・リース取引は，リース物件の取得つまり割賦購入という側面だけではなくその他複合的な性格を有しているためである。

〔設例2〕 所有権移転外ファイナンス・リース取引
　　　　　　－リース資産（債務）の計上－

　所有権移転外ファイナンス・リース取引と判定された【設例2】では，貸手の現金購入価額 100,000 千円とリース料総額の現在価値 96,667 千円を比べより少ない額である 96,667 千円がリース資産（リース債務）の計上価額となる。

(5) ま と め

　以上をまとめると図表Ⅱ－10のとおりとなる。

図表Ⅱ－10　リース資産及びリース負債の計上価額（まとめ）

リース取引の種類	貸手の購入価額がわかるか？	リース資産及びリース債務の計上価額
所有権移転ファイナンス・リース	Yes	貸手の現金購入価額
	No	リース料総額の現在価値／借手の見積現金購入価額　どちらか低い価額
所有権移転外ファイナンス・リース	Yes	リース料総額の現在価値／貸手の現金購入価額　どちらか低い価額
	No	リース料総額の現在価値／借手の見積現金購入価額　どちらか低い価額

7 ファイナンス・リース取引における支払リース料の処理と利息法
―リース債務の処理(1)―

(1) 利息相当額の算定（支払リース料の処理）

リース資産（リース債務）の計上価額が決まれば，自動的にリースに関する利息相当額が確定する。なぜならば，全リース期間にわたる利息相当額の総額は，リース料総額とリース取引開始日におけるリース債務の計上価額の差額になるからである（適用指針第23項，38項）。

> リース期間の利息相当額の総額＝リース料総額－リース債務額

【設例1】の場合，リース料総額が120,000千円でリース債務が100,000千円なので利息相当額はその差額の20,000千円となる。また，【設例2】では，リース料総額が120,000千円でリース債務が96,667千円なので利息相当額はその差額の23,333千円となる。

【設例1】において，仮にリース料総額120,000千円を一括で支払ったとした場合の取引開始時及びリース料総額支払時の仕訳は次のようになる。

リース取引開始時の仕訳

| (借) リ ー ス 資 産 | 100,000 | (貸) リ ー ス 債 務 | 100,000 |

リース料支払時の仕訳

| (借) リ ー ス 債 務 | 100,000 | (貸) 現 金 預 金 | 120,000 |
| (借) 支 払 利 息 | 20,000 | | |

上記の仕訳のとおり，リース料の支払いはリース債務の返済元本と支払利息に区分されることになる。上記の仕訳は単純だが，実際にはリース期間は複数

年にわたるので，利息相当額をリース期間中の各期にどのように配分するかが問題となる。

(2) 利息法による利息相当額の各期への配分

リース会計基準では，原則として「利息法」により利息相当額の総額をリース期間中の各期に配分することとしている（会計基準第11項）。「利息法」とは，リース債務の未返済元本残高に一定の利率を乗じて各期の支払利息相当額を算定する方法である（適用指針第24項，39項）。会計基準では，原則としてリース期間中の各期に一定額の利息相当額を配分するのではなく（定額法），リース債務の未返済元本残高に一定の利率を乗じた額を利息相当額としてリース期間中の各期に配分することとしている。

【コーヒーブレーク】

利息法の考え方は，住宅ローンの元利均等返済をイメージすると理解しやすい。住宅ローンの場合も返済元本残高に一定の利率を乗じて支払利息を計算する。よって，返済元本残高が減少するに従って支払利息も減少する。一方，毎回支払う返済額は一定なので，当初の返済額の内訳は元本に比べ利息の割合が高くなる。住宅ローンで当初なかなか返済元本が減らないと感じるのはこのためである。リース取引においても，リース債務の未返済元本残高が減少していくに従い支払利息も減少していく。一方，支払うリース料は一定なので，支払当初の返済額の内訳は利息の割合が高くなる。

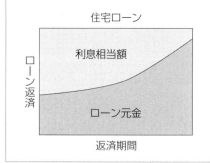
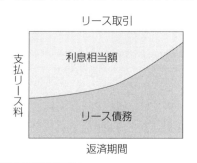

(3) 利息法で適用される利率

利息法で適用される利率は，「リース料総額の現在価値が，リース取引開始

日におけるリース資産（リース債務）の計上価額と等しくなる利率」として求められる（適用指針第24項）。コーヒーブレークで住宅ローンと比較したが，住宅ローンの場合，借入元本と金利から結果的に支払総額が算定されるのに対して，ファイナンス・リースの場合，リース債務（住宅ローンの場合の借入元本）と支払リース料総額（住宅ローンの場合の支払総額）が先に決まり，そこから利息法で適用される利率（住宅ローンの場合の金利）を算定する仕組みになっている。

$$\frac{12,000}{(1+r)} + \frac{12,000}{(1+r)^2} + \cdots + \frac{12,000}{(1+r)^{10}} = 100,000 \text{千円}$$

12,000：リース料総額の毎期の支払額
100,000：リース資産（リース債務）計上額

【設例1】では，上記の式が成立するrが利率となる。よって利息法で適用される利率はr＝3.46％となる。一方，【設例2】では，

$$\frac{12,000}{(1+r)} + \frac{12,000}{(1+r)^2} + \cdots + \frac{12,000}{(1+r)^{10}} = 96,667 \text{千円}$$

12,000：リース料総額の毎期の支払額
96,667：リース資産（リース債務）計上額

が成立するrが利率となる。よって利息法で適用される利率はr＝4.14％となる。この利率を計算する際にも，表計算ソフト（エクセル）が活用できる。たとえば，【設例1】では図表Ⅱ－11のような表を作成することによって，利率を計算することができる。

図表Ⅱ-11　エクセルを活用した「利息法の計算で適用される利率」の計算

	A	B	C	D	E	F	G	H	I	J	K	L	M
1													
2													
3		リース債務計上額（千円）	100,000										
4		毎期のリース料（千円）	12,000										
5													
6		回数	リース債務計上額	1	2	3	4	5	6	7	8	9	10
7		支払月	×1/4	×2/3	×3/3	×4/3	×5/3	×6/3	×7/3	×8/3	×9/3	×10/3	×11/3
8		リース債務、リース料（千円）	-100,000	12,000	12,000	12,000	12,000	12,000	12,000	12,000	12,000	12,000	12,000
9													
10		利息法の計算で適用される利率	0.0346										
11													
12													

C10のボックスに「=IRR(C8:M8)」と入力し計算する。

(4)　「現在価値算定のための割引率」と「利息法で適用される利率」の関係

【設例1】では，「リースの判定における現在価値算定のための割引率」が3％，「利息法で適用される利率」が3.46％で両者は違う値となった。一方，【設例2】では，「リースの判定における現在価値算定のための割引率」「利息法で適用される利率」ともに4.14％で一致した。これは，【設例1】では，「借手の見積現金購入価額」がリース資産（リース債務）の計上価額となったのに対して，【設例2】では「リース料総額の現在価値」がリース資産（リース債務）の計上価額となったためである。【設例2】の場合，リース料総額を割引率で割り引いて現在価値を算定したのであるから，その割引率が「利息法で適用される利率」（リース料総額の現在価値が，リース資産（リース債務）の計上価額と等しくなる利率）と一致するのは当然なのである。

図表Ⅱ-12　経済的耐用年数基準による判定

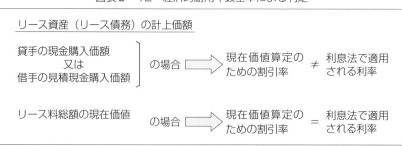

8 リース債務の返済スケジュール表の作成と仕訳
—リース債務の処理(2)—

(1) 返済スケジュール表作成の流れ

「利息法で適用される利率」が決まれば，各期に配分するべき支払利息額が確定し，リース債務の返済スケジュール表が作成できる。支払利息額が確定すれば，支払リース料と支払利息額との差額としてリース債務の返済元本も確定するからである。返済スケジュール表は次の手続によって作成する。

【返済スケジュール表作成手続の流れ】
① リース資産（リース債務）の計上価額の算定（PART Ⅱの6参照）
② 利息法で適用される利率の算定（PART Ⅱの7参照）
③ ①のリース債務に②の利率を乗じて支払利息額を算定
④ 支払リース料から③の支払利息額を引いてリース債務の返済元本を算定
⑤ リース債務から④の返済元本を引いてリース債務残高を算定
⑥ 次回のリース料支払時には，⑤のリース債務残高にまた②の利率を乗じて支払利息額を算定
　　　　　　　　　　　　⋮
　　　　　（以後同様の処理を繰り返す）
　　　　　　　　　　　　⋮

---

(2) 表計算ソフト（エクセル）を利用しての返済スケジュール表の作成及びリース債務の仕訳

〔設例1〕所有権移転ファイナンス・リース取引
　　　　　—リース債務の処理—

債務の返済スケジュール表は，表計算ソフト（エクセル）を使用すると簡単

63

に作成できる。【設例1】において，表計算ソフトを使い上記の返済スケジュール作成の流れに沿って作成したものが図表Ⅱ-13である。

図表Ⅱ-13　エクセルを利用したリース債務の返済スケジュール表（1）

	A	B	C	D	E	F	G	H	I	J
1										
2					リース債務の返済スケジュール表					
3										
4				Ⅰ リース料総額（千円）			120,000			
5				Ⅱ 借手の見積購入価額（千円）			100,000			
6		情	Ⅲ リース料総額の現在価値（千円）				102,362		(注1)	
7		報	Ⅳ リース資産及びリース負債の計上価額（千円）				100,000		（ⅡとⅢの少ない額）	
8			Ⅴ 支払利息の総額（千円）				20,000		（Ⅰ-Ⅳ）	
9			Ⅵ リース料計算に適用する利子率				3.46%			
10										
11									(単位：千円)	
12		回数	支払月	リース債務	支払リース料	支払内訳		リース債務		
13						支払利息	元本返済			
14						a=A×Ⅵ	b=B-a			
15				A	B=Ⅰ/10			C=A-b		
16										
17		0	×1/4/1			（注2）	（注3）	100,000		
18		1	×2/3/31	100,000	12,000	3,460	8,540	91,460	(注4)	
19		2	×3/3/31	91,460	12,000	3,165	8,835	82,625		
20		3	×4/3/31	82,625	12,000	2,859	9,141	73,484		
21		4	×5/3/31	73,484	12,000	2,543	9,457	64,026		
22		5	×6/3/31	64,026	12,000	2,215	9,785	54,242		
23		6	×7/3/31	54,242	12,000	1,877	10,123	44,119		
24		7	×8/3/31	44,119	12,000	1,527	10,473	33,645		
25		8	×9/3/31	33,645	12,000	1,164	10,836	22,809		
26		9	×10/3/31	22,809	12,000	789	11,211	11,599		
27		10	×11/3/31	11,599	12,000	401	11,599	0		
28					120,000	20,000	100,000			
29										

エクセルへの入力の例
（注1）「＝ＮＰＶ（0.03，F18：F27）」と入力する。（考え方は5（1）を参照。）
（注2）「＝E18＊H9」と入力する。
（注3）「＝F18－G18」と入力する。
（注4）「＝E18－H18」と入力する。
表中の網掛けした数値は，以下の仕訳で使用する数値である。

　始めに，リース債務の計上価額（100,000千円）と利息法の計算で適用される利率（3.46％）を算定し，その他の関連数値とともに情報として入力する（(1)の①，②の手続）。次に，リース料支払時にリース債務に利率を乗じて（注1を参照）支払利息額を算定する（③の手続）。さらに，支払リース料から③で算定した支払利息額を差し引き（注2参照），リース債務の返済元本を算定する（④の手続）。

返済元本が算定できたら，リース債務からこの返済元本を差し引き（注3参照），リース料支払後のリース債務残高を算定する（⑤の手続）。次回のリース料支払時には，⑤の手続で算定したリース債務残高に，また利息法の計算で適用される利率を乗じて支払利息を計算する（⑥の手続）。この処理をリース期間にわたって繰り返す。なお，利息法で適用される利率が正しいかどうかは，リース期間終了時にリース債務がゼロになっているかどうかで検証できる。

リース債務の返済スケジュール表が作成できたら，この表に基づいてリース料の支払いに関する仕訳ができる。

ⅰ）リース取引開始時（×1年4月1日）の仕訳

| （借）リース資産 | 100,000 | （貸）リース債務 | 100,000 |

ⅱ）第1回リース料支払時（×2年3月31日）の仕訳

| （借）リース債務 | 8,540 | （貸）現金預金 | 12,000 |
| （借）支払利息 | 3,460 | | |

ⅲ）第2回リース料支払時（×3年3月31日）

| （借）リース債務 | 8,835 | （貸）現金預金 | 12,000 |
| （借）支払利息 | 3,165 | | |

以後，各期同様の処理を行う。

ⅳ）最終回リース料支払時（×11年3月31日）

| （借）リース債務 | 11,599 | （貸）現金預金 | 12,000 |
| （借）支払利息 | 401 | | |

最終回のリース料の支払いの仕訳が完了すれば，リース債務の残高はゼロになる。また，リース期間における支払利息の合計額は20,000千円となる。

(3) 参 考

参考までに，【設例2】のリース債務の返済スケジュール表を示す。リース料の支払いに関する仕訳もこの返済スケジュール表をもとに作成できる（記載は処理）。

〔設例2〕所有権移転外ファイナンス・リース取引
－リース債務の処理－

図表Ⅱ－14　エクセルを利用したリース債務の返済スケジュール表（2）

リース債務の返済スケジュール表

	情報項目	金額	備考
Ⅰ	リース料総額（千円）	120,000	
Ⅱ	貸手のリース物件の購入価額（千円）	100,000	
Ⅲ	貸手の見積残存価額（千円）	5,000	
Ⅳ	リース料総額の現在価値（千円）	96,667	
Ⅴ	リース資産及びリース負債の計上価額（千円）	96,667	（ⅡとⅣの少ない額）
Ⅵ	支払利息の総額（千円）	23,333	（Ⅰ－Ⅴ）
Ⅶ	リース料計算に適用する利子率	4.14%	

（単位：千円）

回数	支払月	リース債務 A	支払リース料 B=Ⅰ/10	支払利息 a=A×Ⅶ	元本返済 b=B-a	リース債務 C=A-b
0	×1/4/1					96,667
1	×2/3/31	96,667	12,000	4,000	8,000	88,667
2	×3/3/31	88,667	12,000	3,669	8,331	80,336
3	×4/3/31	80,336	12,000	3,324	8,676	71,660
4	×5/3/31	71,660	12,000	2,965	9,035	62,625
5	×6/3/31	62,625	12,000	2,591	9,409	53,216
6	×7/3/31	53,216	12,000	2,202	9,798	43,418
7	×8/3/31	43,418	12,000	1,796	10,204	33,214
8	×9/3/31	33,214	12,000	1,374	10,626	22,589
9	×10/3/31	22,589	12,000	935	11,065	11,523
10	×11/3/31	11,523	12,000	477	11,523	0
			120,000	23,333	96,667	

9 リース資産の減価償却
― リース資産の処理 ―

(1) 減価償却

　リース債務の会計処理と同時に，リース資産の会計処理を理解しなければならない。リース資産は，減価償却という方法で処理することになる。減価償却とは，長期にわたって使用される固定資産の取得に要する支出を，一定の期間にわたって費用配分する手続である。企業会計においては，費用はその支出に基づいて計上しその発生した期間に正しく割り当てられなければならないが，固定資産ではその費用配分の手続を減価償却で行うのである。

　減価償却で各期に計上される費用を減価償却費という。減価償却ではあらかじめ定められた耐用年数，償却方法及び残存価額により，毎期の減価償却費を算出しなければならない。

　たとえば，ある企業が工場を200億円で取得したとする。これを取得した会計期間の費用とすれば，その期は200億円分の利益が減少する。しかしながら，工場は長期にわたって稼動し続けるのであるから，本来は使用可能期間（耐用年数）にわたって費用を配分するのが合理的となる。10年間使用が可能ならば，20億円ずつ10年間にわたって費用を按分することになる。

　減価償却を行うためには，あらかじめ耐用年数，償却方法及び残存価額の3つの要素を決めておかなければならない。

　① 償却方法

　償却方法とは，複数期間にわたって費用を配分する方法である。毎期一定額を費用化する定額法，毎期未償却残高に対して一定率を費用化する定率法などがある。

$$（定額法）\quad 減価償却費（年間）＝\frac{取得価額－残存価額}{耐用年数}$$

$$（定率法）\quad 減価償却費（年間）＝帳簿価額（固定資産の未償却残高）\times 一定率$$

② 耐用年数

耐用年数とは，固定資産の使用可能期間のことである。あらかじめ固定資産の使用可能期間を知ることは難しいが，実務上は法人税法において資産の種類・構造・細目ごとに細かく耐用年数が規定されている（法定耐用年数）。

③ 残存価額

耐用年数到来時の見積処分価額である。耐用年数と同様に，あらかじめ残存価額を見積もることは難しいが，実務上は多くの企業が法人税法の規定に従って取得価額の10％としていた。

【コーヒーブレーク】

ⅰ）法人税法と減価償却費

　本来，耐用年数及び残存価額は，各企業が独自の状況を考慮して自主的に決定するべきものである。しかしながら，多くの企業が法人税法に定められた耐用年数を用い，また残存価額の設定についても法人税法の規定に従っている。このような会計実務の実情に鑑みて，たとえ，法人税法で定められた耐用年数，残存価額で算出された普通償却限度額を減価償却した場合でも，耐用年数または残存価額に不合理と認められる事情のない限り，会計上も妥当なものとして取り扱われている。

ⅱ）償却可能限度額及び残存価額の廃止！

　平成19年度税制改正において減価償却制度が見直され，平成19年4月1日以降取得する減価償却資産において償却可能限度額及び残存価額が廃止され，備忘価額1円まで償却が可能となった。さらに，平成19年3月31日以前に取得した減価償却資産についても，すでに従来の制度の償却可能限度額まで償却した場合，その事業年度の翌事業年度以降5年間で均等償却できることとなった。前述したように法人税法に従って減価償却を実施した場合でも監査上妥当とされているが，日本公認会計士協会では，今回の税制改正に対応するため，『減価償却に関する当面の監査上の取扱い』（2007年4月25日，監査・保証実務委員会報告第81号）を公表し，監査上の取扱いを示した。

　なお，法人税法の規定は，あくまで損金算入限度額の計算を目的としているので，会計上は当然税制改正前の減価償却方法を引き続き採用することも可能である。

(2) リース資産の減価償却

売買取引に係る方法に準じてリース取引開始日に計上されたリース資産も，他の固定資産と同様に減価償却の手続を行わなければならない。ここで，所有権移転ファイナンス・リースと所有権移転外ファイナンス・リースは，その償却方法，耐用年数及び残存価額において若干違う方法によることとしている（適用指針第12項，39項）。

(3) 所有権移転ファイナンス・リースにおける減価償却（適用指針第42項）

① 償却方法

自己所有の同種の固定資産に適用する減価償却方法と同一の方法による。

② 耐用年数

経済的使用可能予測期間とする。

③ 残存価額

自己所有の同種の固定資産に適用する減価償却方法と同一の方法により残存価額を算出する。

(4) 所有権移転外ファイナンス・リースにおける減価償却（適用指針第27項）

① 償却方法

所有権移転外ファイナンス・リースに係る償却は，定額法，級数法，生産高比例法等の中から企業の実態に応じた方法を選択する（適用指針第28項）。この場合，所有権移転ファイナンス・リースのように，自己所有の同種の固定資産に適用する減価償却方法と同一の方法により，減価償却費を算出する必要はない。

なお，所有権移転外ファイナンス・リース取引で定率法を採用した場合には簡便法が認められている（PART Ⅱの13【借手の設例4】を参照）。

② 耐用年数

リース期間を耐用年数とする。ただし，ファイナンス・リース取引の判定の際に再リース期間をリース期間に含めている場合には，再リース期間を耐用年数に含める。

③ 残存価額

原則としてゼロとする。但し，契約上残価保証の取決めがある場合，当該残価保証額を残存価額とする（詳細はPART Ⅲの2(3)参照）。

(5) まとめ

所有権移転ファイナンス・リースは，物件の取得と同様の取引と考えられるため，原則自己所有の同種の固定資産と同様の処理が求められるが，所有権移転外ファイナンス・リースの場合，リース物件の使用がリース期間に限定されるため，リース期間を耐用年数とし，残存価額を原則としてゼロとしている。以上をまとめると図表Ⅱ－15の通りとなる。

図表Ⅱ－15　ファイナンス・リース取引の減価償却方法

	自己所有の固定資産	所有権移転ファイナンス・リース取引	所有権移転外ファイナンス・リース取引
減価償却方法	定額法，定率法等	自己所有の同種の固定資産と同じ方法	企業の実態に応じた方法
耐用年数	実務上は法定耐用年数を使用	経済的使用可能予測期間	リース期間（ファイナンス・リース取引の判定において再リース期間をリース期間に含めている場合には，再リース期間を含める）
残存価額	一般的には10％としていたが，税法上残存価額が廃止されている。	自己所有の同種の固定資産と同じ方法	原則ゼロ（契約上残存価額の取決めがある場合，当該残存保証額）

10 リース資産の減価償却
－所有権移転ファイナンス・リース取引の事例－

〔設例1〕所有権移転ファイナンス・リース取引
－リース資産の処理－

基本情報	【借手の設例1・49頁】，所有権移転ファイナンス・リース取引で，リース資産額（リース債務額）が100,000千円の場合 以下，条件の追加	
	（解約不能の）リース期間	10年
	リース物件の経済的使用可能予測期間	15年
	自己所有の同種の固定資産の償却方法	定率法
	自己所有の同種の固定資産の残存価額	10%

(1) 減価償却費の算出

所有権移転ファイナンス・リース取引なので，経済的使用可能期間である15年を耐用年数とし，さらに自己所有の同種の固定資産の償却方法である定率法で残存価額を10%とした場合の減価償却費を計算する。

> 年間の減価償却費＝帳簿価額（固定資産の未償却残高）×0.142（注）

(注) 耐用年数が15年の場合，定率法による償却率は平成19年3月31日以前に取得された減価償却資産の償却率表（減価償却資産の耐用年数等に関する省令参照）によって14.2%となる。

(2) エクセルを活用した減価償却費の計算

毎期一定額の減価償却費を計上する定額法に比べ，定率法の計算方法は複雑なものとなっている。定率法の減価償却費を計算する場合にも図表Ⅱ－16の通りエクセルを活用して計算することができる。図表Ⅱ－16におけるDB関

数とは，定率法における減価償却費を求める算式で，ＤＢは定率法（Declining Balance Method）を意味する。この算式を使うことにより，各年度の減価償却費が計算できる。

図表Ⅱ－16　定率法による減価償却費の計算におけるエクセルの利用

	A	B	C	D	E	F	G	H	I	J	K	L
1		減価償却の計算										
2												
3		減価償却方法	定率法									
4		リース資産額（千円）	100,000									
5		残存価額	10%									
6		耐用年数	15年									
7												
8												
9		回数	1	2	3	4	5	6	7	8	9	10
10		支払月	×2/3	×3/3	×4/3	×5/3	×6/3	×7/3	×8/3	×9/3	×10/3	×11/3
11		減価償却費（千円）	14,200	12,184	10,454	8,969	7,696	6,603	5,665	4,861	4,170	3,578

定率法による減価償却費の計算の関数は，「=DB([取得価額],[残存価額],[耐用年数],[期間],[月])」となる。
上の表では，「=DB(100000,100000*0.1,15,1,12)」と入力して計算する。第2期以降は，[期間]を2，3…と入力する。

(3) リース期間終了時の処理

通常，所有権移転ファイナンス・リースの場合，リース期間と耐用年数として使用した経済的使用可能予測期間は異なるので，リース期間終了時においてもリース資産の償却は完了していない。この事例においても，耐用年数が15年であるのに対してリース期間は10年なので，リース期間終了時においても減価償却が5年未了となっている。さらに，所有権移転条項あり（リース期間終了時に無償でリース資産を借手に譲渡する）の取引となっている。したがって，この場合にはリース期間終了時にリース資産を自己所有の固定資産に振り替えた上で減価償却を継続することになる（適用指針第43項）。

(4) 仕　　訳

リース資産の減価償却費の額が確定したら，以下のような仕訳処理を行う。

ⅰ）リース取引開始時（×1年4月1日）の仕訳

（借）リース資産	100,000	（貸）リース債務	100,000

PART Ⅱ 借手の処理（基本編）

ⅱ）決算日（×2年3月31日）の仕訳

| （借）減 価 償 却 費 | 14,200 | （貸）減価償却累計額 | 14,200 |

ⅲ）決算日（×3年3月31日）の仕訳

| （借）減 価 償 却 費 | 12,184 | （貸）減価償却累計額 | 12,184 |

以後，各期も同様の処理を行う。

ⅳ）最終回リース料支払時（×11年3月31日）

| （借）減 価 償 却 費 | 3,578 | （貸）減価償却累計額 | 3,578 |

ⅴ）リース資産を自己所有の固定資産へ振り替え

| （借）固 定 資 産
　　　（自 己 所 有） | 100,000 | （貸）リ ー ス 資 産 | 100,000 |

以後，自己所有の固定資産の減価償却を継続する。

73

11　リース資産の減価償却
－所有権移転外ファイナンス・リース取引の事例－

〔設例２〕所有権移転外ファイナンス・リース取引
　　　　－リース資産の処理－

基本情報	【借手の設例２・52頁】，所有権移転外ファイナンス・リース取引で，リース資産額（リース債務額）が96,667千円の場合 以下，条件の追加	
	（解約不能の）リース期間	10年
	リース物件の経済的耐用年数	15年
	企業の実態に応じた償却方法	定額法

(1)　減価償却費の算出

　所有権移転外ファイナンス・リース取引なので，解約不能のリース期間である10年を耐用年数，残存価額をゼロとし，さらに企業の実態に応じた償却方法である定額法により減価償却費を計算する。

```
年間の減価償却費＝（リース資産額－残存価額）×１／耐用年数
              ＝（96,667千円－０円）×１／10年
              ＝9,667千円
```

(2)　リース期間終了時の処理

　リース期間終了時では減価償却費の累計額は9,667千円×10年＝96,667千円となり，リース資産の償却は完了していることになる。したがって，特にリース期間終了時に会計処理は要しない。ただし，通常は減価償却累計額を用いて間接法によって仕訳処理されているので，会計上リース資産と減価償却累計額が両建てで残っている。よって，リース期間終了時にリース資産と減価償却累

計額の相殺消去の仕訳が必要になる。

なお，リース契約の残価保証の取決めがある場合には，貸手に対する不足額の確定時に，当該不足額をリース資産売却損等として処理する（適用指針第29項）。（詳細はPART Ⅲの2(5)を参照）　　　　　　　　　　　　☞ 95頁参照

(3) 仕　訳

リース資産の減価償却に関する仕訳は次の通りとなる。

ⅰ）リース取引開始時（×1年4月1日）の仕訳

| （借）リ ー ス 資 産 | 96,667 | （貸）リ ー ス 債 務 | 96,667 |

ⅱ）決算日（×2年3月31日）の仕訳

| （借）減 価 償 却 費 | 9,667 | （貸）減価償却累計額 | 9,667 |

ⅲ）決算日（×3年3月31日）の仕訳

| （借）減 価 償 却 費 | 9,667 | （貸）減価償却累計額 | 9,667 |

以後，各期も同様の処理を行う。

ⅳ）最終回リース物件返却時の仕訳（×11年3月31日）

| （借）減 価 償 却 費 | 9,667 | （貸）減価償却累計額 | 9,667 |
| （借）減価償却累計額 | 96,667 | （貸）リ ー ス 資 産 | 96,667 |

12 所有権移転ファイナンス・リース取引（設例）

　PART Ⅱの最後に，所有権移転ファイナンス・リース取引の設例【設例3】と所有権移転外ファイナンス・リース取引の設例【設例4】を示し，今まで説明した借手の会計処理を復習する。

〔設例3〕所有権移転ファイナンス・リース取引

基本情報	リース期間	×1年4月1日から×6年3月31日
	リース料総額	9,000千円
	（解約不能の）リース期間	5年
	リース物件の経済的耐用年数	8年
	リース物件と同種の固定資産の償却方法	定額法
	リース物件と同種の固定資産の残存価額	固定資産の10%
	借手の見積現金購入価額	8,250千円
	借手の追加借入利子率	年3%
	貸手のリース物件の購入価額	不明
	貸手の見積残存価額	不明
	リース料は半年毎（各半期末）900千円の後払い，全10回払い		
	所有権移転条項なし，割安購入選択権あり（リース期間終了時に借手がリース物件を割安価額（200千円）で購入する選択権が付与されており，借手はこの選択権の行使を予定している。）特別仕様なし		

(1) リース取引の判定

　① 現在価値の算定に用いる割引率

　借手が追加借入れを行った場合の利子率3%をリース料総額の現在価値を算

定するための割引率として使用する。

② 現在価値基準による判定

割引率3％を用いてリース料総額を現在価値に割り引くので計算式は次の通り。なお，リース料総額には，割安購入選択権の行使価額200千円を含む（適用指針第39項）。

$$現在価値 = \frac{900}{(1 + 0.03 \times 1/2)} + \frac{900}{(1 + 0.03 \times 1/2)^2} + \cdots + \frac{900 + 200}{(1 + 0.03 \times 1/2)^{10}} = 8,472 千円$$

この計算の結果，現在価値は8,472千円と算定される。なお，現在価値のエクセルでの算定は54頁を参照。この事例では，半期毎の支払いなので割引率に2分の1を乗じる。現在価値基準による判定は，

現在価値8,472千円 ≧ 見積現金購入価額8,250千円 × 90％

③ 経済的耐用年数基準による判定

次に，経済的耐用年数基準による判定は，

リース期間5年 < 経済的耐用年数8年 × 75％

④ 結　論

解約不能であり，しかも②の現在価値基準においてフルペイアウトの条件に合致するのでファイナンス・リース取引に該当する。また，借手は割安購入選択権を有し，その行使が契約時において確実に予想されるので，所有権移転ファイナンス・リース取引に該当する。

図表Ⅱ-17 リース取引の判定フロー

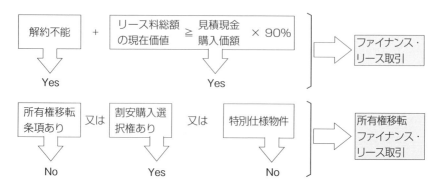

(2) 会計処理

① リース資産（リース債務）の計上

所有権移転ファイナンス・リース取引であり，貸手のリース物件の購入価額が不明なので，リース料総額の現在価値8,472千円と借手の見積現金購入価額8,250千円を比べ，少ない額8,250千円がリース資産（リース債務）の計上価額となる。

② 利息法で適用される利率の算定

利息法で適用される利率は，

$$\frac{900}{(1+r \times 1/2)} + \frac{900}{(1+r \times 1/2)^2} + \cdots + \frac{900+200}{(1+r \times 1/2)^{10}} = 8,250 \text{千円}$$

900：リース料総額の毎期の支払額
200：割安購入選択権の行使価額
8,250：リース資産（リース債務）計上額

が成立するrとなる。r = 3.99％。

③ リース資産の減価償却

所有権移転ファイナンス・リース取引より，自己所有の同種の固定資産の償却方法（定額法），残存価額（10％），また経済的耐用年数8年で減価償却を行う。

PART Ⅱ　借手の処理（基本編）

> 年間の減価償却費＝（リース資産額－残存価額）×１／耐用年数
> 　　　　　　　　＝（8,250千円－825円）×１／8年
> 　　　　　　　　＝928千円（半年では，464千円）

④　リース債務の返済スケジュール表及びリース資産の減価償却表の作成

①から③をもとにリース債務の返済スケジュール表，リース資産の減価償却表を作成すると，図表Ⅱ－18のようになる。

図表Ⅱ－18　リース債務の返済スケジュール表，リース資産の減価償却表

基本情報

Ⅰ	リース料総額（千円）	9,000
Ⅱ	借手の見積購入価額（千円）	8,250
Ⅲ	リース料総額の現在価値（千円）	8,472
Ⅳ	リース資産及びリース負債の計上価額（千円）	8,250　（ⅡとⅢの少ない額）
Ⅴ	支払利息の総額（千円）	750　（Ⅰ－Ⅳ）
Ⅵ	リース料計算に適用する利子率	3.99%
Ⅶ	年間の減価償却費（千円）	928
Ⅷ	割安購入選択権の行使価額（千円）	200

（単位：千円）

回数	支払月	リース債務 期首残高 A	支払リース料・割安購入権 B=Ⅰ/10	支払内訳 支払利息 a=A×Ⅶ	支払内訳 元本返済 b=B-a	期末残高 C=A-b	リース資産 期首簿価 D	減価償却費 E	期末簿価 F=D-E
0	×1/4/1					8,250			8,250
1	×1/9/30	8,250	900	165	735	7,515	8,250	464	7,786
2	×2/3/31	7,515	900	150	750	6,765	7,786	464	7,322
3	×2/9/30	6,765	900	135	765	6,000	7,322	464	6,858
4	×3/3/31	6,000	900	120	780	5,220	6,858	464	6,394
5	×3/9/30	5,220	900	104	796	4,424	6,394	464	5,930
6	×4/3/31	4,424	900	88	812	3,612	5,930	464	5,466
7	×4/9/30	3,612	900	72	828	2,784	5,466	464	5,002
8	×5/3/31	2,784	900	56	844	1,940	5,002	464	4,538
9	×5/9/30	1,940	900	39	861	1,078	4,538	464	4,073
10	×6/3/31	1,078	1,100	22	1,078	0	4,073	464	3,609
			9,200	950	8,250			4,641	

表中の網掛けした数値は，以下の仕訳で使用する数値である。

⑤ 仕　訳

ⅰ）リース取引開始時（×1年4月1日）の仕訳

| （借）リース資産 | 8,250 | （貸）リース債務 | 8,250 |

ⅱ）第1回リース料支払時，中間決算日（×1年9月30日）の仕訳

（借）リース債務	735	（貸）現金預金	900
（借）支払利息	165		
（借）減価償却費	464	（貸）減価償却累計額	464

ⅲ）第2回リース料支払時，決算日（×2年3月31日）

（借）リース債務	750	（貸）現金預金	900
（借）支払利息	150		
（借）減価償却費	464	（貸）減価償却累計額	464

以後，各期も同様の処理を行う。

ⅳ）最終回リース料支払時，リース物件の返却時，決算日（×6年3月31日）

（借）リース債務	878	（貸）現金預金	900
（借）支払利息	22		
（借）減価償却費	464	（貸）減価償却累計額	464
（借）固定資産 　　（自己所有）	8,250	（貸）リース資産	8,250

ⅴ）割安購入選択権の行使，リース資産を自己所有の固定資産へ振替え

| （借）リース債務 | 200 | （貸）現金預金 | 200 |
| （借）固定資産
　　（自己所有） | 8,250 | （貸）リース資産 | 8,250 |

　図表Ⅱ－18の通り，リース期間が5年であるのに対して耐用年数が8年なので，リース期間終了時においてもリース資産の償却は完了していない。リー

ス期間終了時にリース資産を割安購入価額で借手に譲渡する取引となっているので，リース期間終了時にリース資産を自己所有の固定資産に振り替えた上で，次期以降も減価償却を継続することになる。

13 所有権移転外ファイナンス・リース取引（設例）

〔設例4〕所有権移転外ファイナンス・リース取引

基本情報	リース期間	×1年4月1日から×6年3月31日
	リース料総額	9,000千円
	（解約不能の）リース期間	5年
	リース物件の経済的耐用年数	8年
	企業の実態に応じたリース物件の償却方法	定率法
	借手の見積現金購入価額	8,250千円
	借手の追加借入利子率	年3%
	貸手のリース物件の購入価額	8,250千円
	貸手の見積残存価額	200千円
	リース料は半年毎（各半期末）900千円の後払い，全10回払い		
	借手は貸手のリース物件の購入価額，貸手の見積残存価額をいずれも知っている。		
	所有権移転条項なし，割安購入選択権なし，特別仕様なし		

(1) リース取引の判定

① 現在価値の算定に用いる割引率

借手は，貸手のリース物件の購入価額8,250千円と見積残存価額200千円を，いずれも知っているので，現在価値算定のための割引率として「貸手の計算利子率」を算定できる。この設例では，「貸手の計算利子率」は，

$$\frac{900}{(1+r \times 1/2)} + \frac{900}{(1+r \times 1/2)^2} + \cdots + \frac{900+200}{(1+r \times 1/2)^{10}} = 8,250 \text{千円}$$

が成立するrとして算定できる。なお，半年毎にリース料900千円を支払うこ

とになっているので，上記の式では，利率にそれぞれ1／2を乗じている。r＝3.99％。

② 現在価値基準による判定

「貸手の計算利子率」3.99％を用いてリース料総額を現在価値に割り引く。

$$現在価値 = \frac{900}{(1+0.0399 \times 1/2)} + \frac{900}{(1+0.0399 \times 1/2)^2} + \cdots + \frac{900}{(1+0.0399 \times 1/2)^{10}}$$

現在価値は8,086千円と算定される。なお，「貸手の計算利子率」と現在価値のエクセルでの算定は54頁及び55頁を参照。以上より現在価値基準による判定は，次のとおりである。

現在価値8,086千円≧見積現金購入価額8,250千円×90％

③ 経済的耐用年数基準による判定

次に，経済的耐用年数基準による判定は，次のとおりである。

リース期間5年＜経済的耐用年数8年×75％

④ 結　論

解約不能であり，しかも②の現在価値基準においてフルペイアウトの条件に合致するのでファイナンス・リース取引に該当する。また所有権移転条項，割安購入選択権，特別仕様はいずれも該当しないので，所有権移転外ファイナンス・リース取引に該当する。

図表Ⅱ-19 リース取引の判定フロー

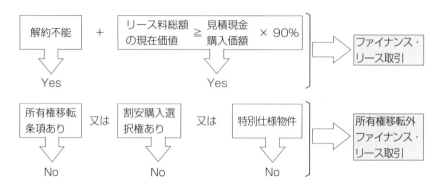

(2) 会計処理

① リース資産(リース債務)の計上

所有権移転外ファイナンス・リース取引で,しかもリース料総額の現在価値＜貸手の現金購入価額なので,リース料総額の現在価値8,086千円がリース資産(リース債務)の計上価額となる。

② 利息法で適用される利率の算定

利息法で適用される利率は,

$$\frac{900}{(1+r\times 1/2)} + \frac{900}{(1+r\times 1/2)^2} + \cdots + \frac{900+200}{(1+r\times 1/2)^{10}} = 8,086 \text{千円}$$

900:リース料総額の毎期の支払額
8,086:リース資産(リース債務)計上額

が成立するrとなる。r = 3.99％。なお,リース料総額の現在価値8,086千円がリース資産(リース債務)の計上価額となったので,現在価値算定のための割引率と利息法で適用される利率は3.99％で一致する(62頁参照)。

③ リース資産の減価償却

解約不能のリース期間である5年を耐用年数,残存価額ゼロで,定率法により減価償却を行う。償却率表によると耐用年数5年の定率法による償却率は

0.369となっている。ただし，これは残存価額が固定資産の10％を前提としている。会計基準では，この事例のように所有権移転外ファイナンス・リース（つまり原則として残存価額ゼロ）において定率法を採用する場合には，簡便的に償却率表を用いて算定した毎期の減価償却相当額に9分の10を乗じて減価償却費を算定することも認められている（適用指針第112項）。

> 年間の減価償却費＝帳簿価額（固定資産の未償却残高）×定率法償却率×10/9

この簡便法によって減価償却費を算定したものが図表2－20である。

図表Ⅱ-20　定率法による減価償却費

（単位：千円）

		×1期	×2期	×3期	×4期	×5期	累計
Ⅰ	帳簿価額	8,086	5,102	3,220	2,032	1,282	
Ⅱ	（Ⅰ×0.369）	2,984	1,883	1,188	750	473	7,277
Ⅲ	減価償却費（Ⅱ×10/9）	3,315	2,092	1,320	833	526	8,086

（注）なお，Ⅰの帳簿価額は，残存価額が10％とした場合の帳簿価額である。

なお，平成19年度税制改正において，残存価額を考慮しない定率法の採用，いわゆる「250％定率法」が示された。リース資産においても，企業の実態に応じた償却方法であれば，当然「250％定率法」を適用できるものと思われる。

④ リース債務の返済スケジュール表及びリース資産の減価償却表の作成

①から③をもとにリース債務の返済スケジュール表，リース資産の減価償却表を作成すると，図表Ⅱ－21のようになる。

図表Ⅱ－21　リース債務の返済スケジュール表，リース資産の減価償却表

		基本情報		
Ⅰ	リース料総額（千円）	9,000		
Ⅱ	貸手のリース物件の購入価額（千円）	8,250		
Ⅲ	貸手の見積残存価額（千円）	200		
Ⅳ	リース料総額の現在価値（千円）	8,086		
Ⅴ	リース資産及びリース負債の計上価額（千円）	8,086	（ⅡとⅣの少ない額）
Ⅵ	支払利息の総額（千円）	914	（Ⅰ－Ⅴ）
Ⅶ	リース料計算に適用する利子率	3.99%	

（単位：千円）

		リース債務					リース資産		
回数	支払月	期首残高	支払リース料	支払内訳		期末残高	期首簿価	減価償却費	期末簿価
				支払利息	元本返済				
		A	B=Ⅰ/10	a=A×Ⅶ	b=B-a	C=A-b	D	E	F=D-E
0	×1/4/1					8,086			8,086
1	×1/9/30	8,086	900	161	739	7,347	8,086	1,658	6,429
2	×2/3/31	7,347	900	147	753	6,594	6,429	1,658	4,771
3	×2/9/30	6,594	900	132	768	5,826	4,771	1,046	3,725
4	×3/3/31	5,826	900	116	784	5,042	3,725	1,046	2,679
5	×3/9/30	5,042	900	101	799	4,243	2,679	660	2,019
6	×4/3/31	4,243	900	85	815	3,427	2,019	660	1,359
7	×4/9/30	3,427	900	68	832	2,596	1,359	417	943
8	×5/3/31	2,596	900	52	848	1,748	943	417	526
9	×5/9/30	1,748	900	35	865	882	526	263	263
10	×6/3/31	882	900	18	882	0	263	263	0
			9,000	914	8,086			8,086	

（注）減価償却費は，年間の減価償却費を算出した上で，上期と下期に半額ずつ計上している。

　　　表中の網掛けした数値は，以下の仕訳で使用する数値である。

⑤ 仕　訳

ⅰ）リース取引開始時（×1年4月1日）の仕訳

| （借）リース資産 | 8,086 | （貸）リース債務 | 8,086 |

ⅱ）第1回リース料支払時，中間決算日（×1年9月30日）の仕訳

（借）リース債務	739	（貸）現金預金	900
（借）支払利息	161		
（借）減価償却費	1,658	（貸）減価償却累計額	1,658

ⅲ）第2回リース料支払時，決算日（×2年3月31日）

（借）リース債務	753	（貸）現金預金	900
（借）支払利息	147		
（借）減価償却費	1,658	（貸）減価償却累計額	1,658

以後，各期も同様の処理を行う。

ⅳ）最終回リース料支払時，リース物件の返却時，決算日（×6年3月31日）

（借）リース債務	882	（貸）現金預金	900
（借）支払利息	18		
（借）減価償却費	263	（貸）減価償却累計額	263
（借）減価償却累計額	8,086	（貸）リース資産	8,086

PART III

借手の処理（応用編）

1 リース取引に関する借手の会計処理の基本的な流れ

　PARTⅢでは，PARTⅡで説明した借手の会計処理手続の流れを再整理した上で，PARTⅡで説明しなかったオペレーティング・リース取引及びファイナンス・リース取引の特殊論点を説明する。

　リース取引に関する借手の会計処理の基本的な流れは図表Ⅲ－1の通りである。この表の中で，PARTⅢで説明する論点については，表の右の欄に説明箇所を示している。

図表Ⅲ－1　リース取引における借手の会計処理の基本的な流れ

	所有権移転ファイナンス・リース取引	所有権移転外ファイナンス・リース取引	PARTⅡ, Ⅲの該当箇所
リース取引の判定	①解約不能及び ②フルペイアウト 　　　No → オペレーティング・リース取引 　　　Yes → ファイナンス・リース取引 ↓ ①所有権移転条項あり又は ②割安購入選択権あり又は ③特別仕様物件 　　　No → 所有権移転外ファイナンス・リース取引 　　　Yes → 所有権移転ファイナンス・リース取引		PARTⅡ2
	※1　フルペイアウトの判定で使うリース料総額には残価保証額を含める。 　2　フルペイアウトの判定で使うリース料総額には割安購入価額を含める。 　3　フルペイアウトの判定で使うリース料総額には重要性が高い維持管理費用相当額等を控除する。 　4　ファイナンス・リース取引と判定された場合でも，少額リース資産及び短期のリース取引については買貸借に準じた簡便的な取扱いがある。		PARTⅢ2 PARTⅡ12 PARTⅢ4 PARTⅢ10
リース資産（リース債務）の計上	①貸手の購入価額等が分かれば当該価額 ②貸手の購入価額が不明の場合には，リース料総額の現在価値と借手の見積現金購入価額の低い額	①貸手の購入価額等が分かればリース料総額の現在価値と貸手の購入価額等の低い額 ②貸手の購入価額が不明の場合には，リース料総額の現在価値と借手の見積現金購入価額の低い額	PARTⅡ6
	※現在価値算定でのリース料総額には割安購入価額を含める。	※現在価値算定でのリース料総額には残価保証額を含める。	PARTⅡ12 PARTⅢ2

	所有権移転ファイナンス・リース取引	所有権移転外ファイナンス・リース取引	PARTⅡ, Ⅲの該当箇所
支払リース料の処理	リース料総額は、利息相当額部分とリース債務の元本返済部分に区分し、前者を支払利息、後者をリース債務の返済元本として処理する。	同左	PARTⅡ7
		※リース資産総額に重要性がない場合、リース料総額を全額リース債務の返済元本とすることができる。	PARTⅢ11
利息相当額の各期への配分	原則として、利息法による	同左	PARTⅡ7
	※利息法の計算におけるリース料総額には割安購入価額を含める。※利息法の計算におけるリース料総額には重要性が高い維持管理費用相当額等を含める。	※リース資産総額に重要性がない場合、定額法を採用することができる。※利息法の計算におけるリース料総額には残価保証額を含める。※利息法の計算におけるリース料総額には重要性が高い維持管理費用相当額等を含める。	PARTⅢ11 PARTⅢ12 PARTⅢ2 PARTⅢ4
リース資産の減価償却	①自己所有の固定資産と同一の減価償却方法 ②耐用年数は経済的使用可能予測期間 ③自己所有の固定資産と同一の残存価額	①企業の実態に応じた減価償却方法 ②耐用年数はリース期間 ③残存価額は原則ゼロ	PARTⅡ9
		※残価保証の取決めがあるときは、残価保証額を残存価額とする。	PARTⅢ2
リース終了時の処理	所有権が移転した場合、自己所有の固定資産に振り替え、減価償却を継続する。	特に会計処理は要しない。	PARTⅢ10
		※残価保証の取決めがあるときは、貸手に対する不足額の確定時に不足額をリース資産売却損等で処理する。	PARTⅢ2
中途解約の処理	中途解約をした場合、リース資産の未償却残高を資産除却損等として処理する。規定損害金がある場合、リース債務未払残高（未払利息含む）と当該規定損害金の額との差額を支払額の確定時に損益に計上する。	同左	PARTⅢ6

PARTⅢ　借手の処理（応用編）

2　残価保証
─リース料総額の調整(1)─

(1)　概　　要

　リース期間を通じて借手が貸手に支払うリース料が,「リース料総額」である。リース契約では,「リース料総額」をリース期間（月,半年,年間）で分割して,一定額ずつ支払うことになる。一方,リース会計では,PARTⅡで説明した通り,「リース料総額」の現在価値を算定し,この現在価値をもとに判断や計算を行う場面がある。具体的には,図表Ⅲ-2の通りである。

図表Ⅲ-2　リース料総額の現在価値を使う場面

1	現在価値基準でリース取引を判定する際	フルペイアウトの具体的判定基準である現在価値基準では,リース料総額の現在価値と見積現金購入価額の90％を比較して判定する
2	リース資産（リース債務）の計上価額を決定する際	リース資産（リース債務）の計上価額は,リース料総額の現在価値と借手の見積現金購入価額や貸手の現金購入価額を比較して決定する。
3	利息法で適用される利率を算定する局面	利息法で適用される利率は,リース料総額の現在価値が,リース取引開始日におけるリース資産（リース債務）の計上価額と等しくなる利率として求められる。

　しかしながら,割安購入選択権がある場合（PARTⅡの12を参照）や残価保証,さらにはリース料に含まれる維持管理費用相当額等の金額が重要な場合には,リース料総額を調整した上で現在価値を算定しなければならない。☞76頁参照

(2) 残価保証とは

リース契約においては，リース期間終了時にリース物件の処分価額が契約上取り決めた保証価額に満たない場合，借手が貸手にその不足額を支払う義務が課せられる場合がある。このような取決めを「残価保証」という。残価保証は貸手がリース期間終了時にリース物件を処分することが前提となるので，所有権移転外ファイナンス・リース取引における1つの契約形態である。

(3) 残価保証がある場合の現在価値の算定

残価保証の取決めがある場合には，ファイナンス・リース取引の会計処理上，リース料総額に残価保証額を含めて現在価値を算出する（適用指針第15項）。よって，図表Ⅲ－2にあるように，ⅰ）現在価値基準でリース取引を判定する際，ⅱ）リース資産（リース債務）の計上価額を決定する際，ⅲ）利息法で適用される利率を算定する際において留意が必要となる。

(4) 残価保証がある場合のリース資産の償却

所有権移転外ファイナンス・リース取引の場合，原則的に残存価額はゼロとする。しかしながら，リース契約上残価保証の取決めがある場合，当該残価保証額を残存価額とする（適用指針第27項）。ただし，これは残価保証額がリース

図表Ⅲ－3　残価保証がある場合の現在価値（イメージ）

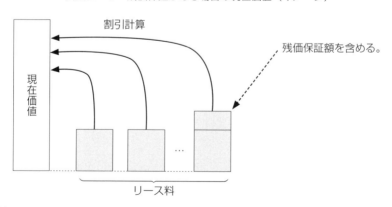

終了時の見積時価と大幅に乖離していないことが前提となる。よって，見積時価と大幅に乖離している特殊な場合には，実態を反映した会計処理が必要となる（適用指針第113項）。

(5) リース期間終了時の処理

通常，所有権移転外ファイナンス・リース取引の場合，リース資産と減価償却累計額との相殺消去の処理（間接法）以外，リース期間終了時において特に会計処理を要しない。ただし，リース契約に残価保証の取決めがある場合は，貸手に対する不足額（残価保証額と実際の売却額との差額）の確定時に，当該不足額を「リース資産売却損等」として処理する（適用指針第29項）。

3　契約に残価保証条項がある場合（設例）

〔設例5〕残 価 保 証

基本情報	リース期間	×1年4月1日から×11年3月31日
	リース料総額	120,000千円
	（解約不能の）リース期間	10年
	リース物件の経済的耐用年数	15年
	企業の実態に応じたリース物件の償却方法	定額法
	借手の見積現金購入価額	100,000千円
	借手の追加借入利子率	年3％
	貸手のリース物件の購入価額	不明
	貸手の見積残存価額	不明
	リース料は1年毎（各期末）1,200千円の後払い，全10回払い	
	所有権移転条項なし，割安購入選択権なし，特別仕様なし	
追加情報	リース契約には，リース終了時に借手がリース物件の処分価額を5,000千円まで保証する条項（残価保証）が付されている。	
	実際には，リース期間終了時に2,000千円で処分された。	

(1) 現在価値の算定

5,000千円を保証する内容の残価保証の取決めがあるので，リース料総額に残価保証額を含めて現在価値を算出する必要がある。割引率3％を用いて，下記の算定式によって現在価値を算出すると，106,083千円となる。

$$\text{現在価値} = \frac{12,000}{(1+0.03)} + \frac{12,000}{(1+0.03)^2} + \cdots + \frac{12,000 + 5,000}{(1+0.03)^{10}} = 106,083 \text{千円}$$

(2) リース取引の判定

解約不能で，しかも現在価値（106,083千円）は，見積現金購入価額の90%（100,000×90%＝90,000千円）以上なので，フルペイアウトの条件に合致することよりファイナンス・リース取引となる。また，所有権移転条項，割安購入選択権，特別仕様にはいずれも該当しないので，所有権移転外ファイナンス・リース取引となる。

(3) リース資産（リース債務）の計上価額

現在価値が106,083千円で，見積現金購入価額が100,000千円なので，リース資産（リース債務）額は見積現金購入価額である100,000千円となる。

(4) 利息法で適用される利率の算定

利息法で適用される利率は，以下の式が成立する r となる。r＝4.138%。

$$\frac{12,000}{(1+r)} + \frac{12,000}{(1+r)^2} + \cdots + \frac{12,000+5,000}{(1+r)^{10}} = 100,000 \text{千円}$$

12,000：リース料総額の毎期の支払額
5,000：残価保証額
100,000：リース資産（リース債務）計上額
r＝4.138%

(5) リース資産の償却

所有権移転外ファイナンス・リース取引より，解約不能のリース期間である10年を耐用年数，残存価額を残価保証額とし，さらに企業の実態に応じた償却方法である定額法で減価償却費を計算する。

年間の減価償却費＝（リース資産額－残存価額）×1／耐用年数
　　　　　　　　＝（100,000千円－5,000円）×1／10年
　　　　　　　　＝9,500千円

(6) リース債務の返済スケジュール表，リース資産の減価償却表の作成及び仕訳

以上より，リース債務の返済スケジュール表，リース資産の減価償却表とリース料の返済の仕訳は次の通りとなる。

図表Ⅲ－4 リース債務の返済スケジュール表，リース資産の減価償却表

	基本情報		
	Ⅰ リース料総額（千円）	120,000	
	Ⅱ 借手の見積購入価額（千円）	100,000	
	Ⅲ リース料総額の現在価値（千円）	106,083	
	Ⅳ リース資産及びリース負債の計上価額（千円）	100,000	（ⅡとⅢの少ない額）
	Ⅴ 支払利息の総額（千円）	20,000	（Ⅰ－Ⅳ）
	Ⅵ リース料計算に適用する利子率	4.138%	
	Ⅶ 年間の減価償却費（千円）	9,500	
	Ⅷ 残価保証額（千円）	5,000	

（単位：千円）

		リース債務					リース資産		
回数	支払月	期首残高 A	支払リース料・残価保証 B=Ⅰ/10	支払利息 a=A×Ⅶ	元本返済 b=B-a	期末残高 C=A-b	期首簿価 D	減価償却費 E	期末簿価 F=D-E
0	×1/4/1					100,000			100,000
1	×2/3/31	100,000	12,000	4,138	7,862	92,138	100,000	9,500	90,500
2	×3/3/31	92,138	12,000	3,812	8,188	83,950	90,500	9,500	81,000
3	×4/3/31	83,950	12,000	3,474	8,526	75,424	81,000	9,500	71,500
4	×5/3/31	75,424	12,000	3,121	8,879	66,545	71,500	9,500	62,000
5	×6/3/31	66,545	12,000	2,753	9,247	57,298	62,000	9,500	52,500
6	×7/3/31	57,298	12,000	2,371	9,629	47,669	52,500	9,500	43,000
7	×8/3/31	47,669	12,000	1,972	10,028	37,642	43,000	9,500	33,500
8	×9/3/31	37,642	12,000	1,558	10,442	27,199	33,500	9,500	24,000
9	×10/3/31	27,199	12,000	1,125	10,875	16,325	24,000	9,500	14,500
10	×11/3/31	16,325	17,000	675	16,325	0	14,500	9,500	5,000
			125,000	25,000	100,000			95,000	

ここがポイント！

表中の網掛けした数値は，以下の仕訳で使用する数値である。

i ）リース取引開始時（×1年4月1日）の仕訳

| （借）リース資産 | 100,000 | （貸）リース債務 | 100,000 |

ii ）第1回リース料支払時，決算時（×2年3月31日）の仕訳

（借）リース債務	7,862	（貸）現金預金	12,000
（借）支払利息	4,138		
（借）減価償却費	9,500	（貸）減価償却累計額	9,500

iii ）第2回リース料支払時，決算日（×3年3月31日）

（借）リース債務	8,188	（貸）現金預金	12,000
（借）支払利息	3,812		
（借）減価償却費	9,500	（貸）減価償却累計額	9,500

以後，各期も同様の処理を行う。

iv ）最終回リース料支払時，決算日（×11年3月31日）

（借）リース債務	16,325	（貸）現金預金	12,000
（借）支払利息	675	（貸）その他の流動負債	5,000
（借）減価償却費	9,500	（貸）減価償却累計額	9,500

（注）リース料総額に含めた残価保証額（5,000千円）は，残価保証支払額が確定するまで一旦「その他流動負債」等に計上する。

v ）リース物件の返却時

| （借）減価償却累計額 | 95,000 | （貸）リース資産 | 100,000 |
| （借）その他流動資産 | 5,000 | | |

（注）残価保証額を残存価額としているので，リース資産と減価償却累計額との差額は5,000千円となる。これは一旦「その他流動資産」に計上する。

ⅵ）処分額（2,000千円）の確定時

| (借) その他流動負債 | 5,000 | (貸) その他流動資産 | 5,000 |
| (借) リース資産売却損 | 3,000 | (貸) 未　払　金 | 3,000 |

　リース期間終了時の会計処理の考え方は次の通り。まず，将来支払義務が生じる可能性のある残価保証額5,000千円（リース料総額に含めた残価保証額）を，一旦「その他流動負債」に計上し，一方，貸手に返却するリース資産の残存価額5,000千円を「その他流動資産」に計上する。5,000千円以上で処分できれば，リース物件を残存価額以上の価値で借手から貸手に返却できることになるので，「その他流動負債」と「その他流動資産」が相殺でき，売却損は発生しない。しかし，実際の処分価額は2,000千円なので，「その他流動資産」の内，2,000千円を「その他流動負債」と相殺し，残りの3,000千円はリース資産売却損等として処理することになる。「その他流動資産」と相殺できなかった「その他流動負債」の残り3,000千円については，貸手に対する支払い義務が確定したので，確定債務である「未払金」に振り替える。

PARTⅢ　借手の処理（応用編）

4　維持管理費用相当額，通常の保守等の役務提供相当額の処理
　　　　—リース料総額の調整(2)—

(1)　リース料の構成要素
　ファイナンス・リース取引の場合，貸手はリース物件に係る全ての費用をリース料で回収しようとする。よって，PARTⅠの4で説明した通り，リース料にはリース物件の取得価額の他に固定資産税や動産保険料などの維持管理費用相当額が含まれている。また，通常の保守等の役務提供相当額がリース料に含まれている場合もある。　　　　　　　　　　　　　　　　　☞13頁参照

(2)　維持管理費用相当額等の原則的な会計処理
　このような維持管理費用相当額や通常の保守等の役務提供相当額（以下，維持管理費用相当額等という。）は，その性質上，本来リース料から切り離した上で，発生した期の費用とするべきものである。よって，ファイナンス・リース取引の会計処理においても，PARTⅠの7で記載したように，維持管理費用相当額等込みのリース料総額ではなく，リース料総額から維持管理費用相当額等を控除した額をもとに現在価値を算出するのが本来的な処理方法となる（適用指針第14項，25項，26項，40項，41項）。この場合，維持管理費用相当額等は，その内容を示す科目で費用に計上することになるが，実際には「維持管理費」等の名称で一括すれば足り，これを固定資産税，保険料等に細分する必要はない（適用指針第109項）。　　　　　　　　　　　　　　　　　　　　　　☞24頁参照

(3)　維持管理費用相当額等の簡便的な会計処理
　日本の一般的なリース契約においては，契約書等で維持管理費用相当額等が明示されていない場合が多く，また当該金額はリース物件の取得価額相当額に

101

図表Ⅲ-5 維持管理費用相当額がある場合の現在価値(イメージ)

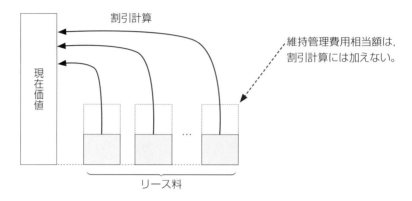

比較して重要性が乏しい場合が少なくない。このように、リース料総額に対して維持管理費用相当額等の占める割合が少ない場合には、(2)の方法によらず、リース料総額に維持管理費用相当額等を含めたまま現在価値を算出することができる(適用指針第14項、25項、26項、40項、41項)。

【設例6】において、原則的な会計処理と簡便的な会計処理の違いを具体的な設例で説明する。

5 維持管理費用相当額等の処理（設例）

〔設例6〕維持管理費用相当額等

基本情報	下記の情報の修正以外は【借手の設例5・96頁の基本情報】と同じ
情報の修正	リース料総額は120,000千円ではなく132,000千円とし，1回の支払いが13,200千円で全10回払い
	1回の支払い13,200千円には，1,200千円の維持管理費用相当額等（固定資産税，保険料，通常保守料）が含まれている。

(1) 現在価値の算定

【原則的な会計処理】

維持管理費用相当額等は借手に明示されており，またその額も重要性がある場合，リース料総額から維持管理費用相当額等を控除した額をもとに現在価値を算出することになる。下記の算定式によって現在価値を算出すると102,362千円となる。

$$現在価値 = \frac{13,200 - 1,200}{(1 + 0.03)} + \frac{13,200 - 1,200}{(1 + 0.03)^2} + \cdots + \frac{13,200 - 1,200}{(1 + 0.03)^{10}} = 102,362 千円$$

【簡便的な会計処理】

一方，維持管理費用相当額等が借手に明示されておらず，またその額も重要性が乏しいと思われる場合には，リース料総額から維持管理費用相当額等を控除せずに現在価値を算出することになる。この場合，現在価値は112,599千円となる。

$$現在価値 = \frac{13{,}200}{(1+0.03)} + \frac{13{,}200}{(1+0.03)^2} + \cdots + \frac{13{,}200}{(1+0.03)^{10}} = 112{,}599 千円$$

(2) リース取引の判定

　解約不能で，しかも原則的な会計処理における現在価値（102,362千円）及び簡便的な会計処理における現在価値（112,599千円）のいずれも見積現金購入価額の90％（100,000×90％＝90,000千円）以上となり，どちらの方法でもフルペイアウトの条件に合致する。また，所有権移転条項，割安購入選択権，特別仕様にはいずれも該当しないので，どちらの方法でも所有権移転外ファイナンス・リース取引となる。

(3) リース資産（リース債務）の計上価額

　いずれの方法においても，現在価値＞見積現金購入価額なので，リース資産（リース債務）額は見積現金購入価額である100,000千円となる。

(4) 利息法で適用される利率の算定

　利息法で適用される利率は，原則法によると3.46％，簡便法によると5.395％となる。

【原則的な会計処理による利息法で適用される利率の算定】

$$\frac{(13{,}200-1{,}200)}{(1+r)} + \frac{(13{,}200-1{,}200)}{(1+r)^2} + \cdots + \frac{(13{,}200-1{,}200)}{(1+r)^{10}} = 100{,}000 千円$$

　13,200－1,200：リース料総額の毎期の支払額－維持管理費用相当額等
　100,000：リース資産（リース債務）計上額
　r＝3.46％

【簡便的な会計処理による利息法で適用される利率の算定】

$$\frac{13,200}{(1+r)} + \frac{13,200}{(1+r)^2} + \cdots + \frac{13,200}{(1+r)^{10}} = 100,000 \text{千円}$$

13,200：リース料総額の毎期の支払額（維持管理費用相当額等は控除しない。）
100,000：リース資産（リース債務）計上額
r ＝ 5.395％

(5) リース債務の返済スケジュール表の作成及び仕訳

原則的な方法による場合の，リース債務の返済スケジュール表とリース料の返済の仕訳は次のとおりである（簡便的な方法は省略）。

図表Ⅲ－6　エクセルを利用したリース債務の返済スケジュール表

（注1）「＝E19＊I10」と入力する。
（注2）「＝F19－G19－H19」と入力する。
　表中の網掛けした数値は，以下の仕訳で使用する数値である。

ⅰ）リース取引開始時（×1年4月1日）の仕訳

| （借）リ ー ス 資 産 | 100,000 | （貸）リ ー ス 債 務 | 100,000 |

ⅱ）第1回リース料支払時（×2年3月31日）の仕訳

（借）リ ー ス 債 務	8,540	（貸）現 金 預 金	13,200
（借）支 払 利 息	3,460		
（借）維 持 管 理 費	1,200		

ⅲ）第2回リース料支払時，決算日（×3年3月31日）

（借）リ ー ス 債 務	8,835	（貸）現 金 預 金	13,200
（借）支 払 利 息	3,165		
（借）維 持 管 理 費	1,200		

以後，各期も同様の処理を行う。

ⅳ）最終回リース料支払時，リース物件の返却時（×11年3月31日）

（借）リ ー ス 債 務	11,599	（貸）現 金 預 金	13,200
（借）支 払 利 息	401		
（借）維 持 管 理 費	1,200		

6　中途解約の処理

(1) 概　　要
　ファイナンス・リース取引は,「解約不能」でしかも「フルペイアウト」のリース取引であり,通常は中途解約することはできない。また,通常ファイナンス・リースの契約書には,「リース期間中は解約できない。」という趣旨の条項が定められている。しかしながら,実務上は相当の違約金を支払うことによって解約することはあり,その場合の会計処理を検討しなければならない。

(2) 中途解約の会計処理（売買処理）
　通常の売買取引に係る方法に準じて会計処理をしているファイナンス・リース取引において中途解約が生じた場合,まずリース資産の未償却残高（リース資産と減価償却累計額の差額）を「資産除却損等」として処理しなければならない。また,貸手に対して中途解約による規定損害金を一時又は分割払いで支払う必要が生じた場合は,リース債務残高（未払利息の額を含む。）と当該規定損害金の額との差額を支払額の確定時に損益に計上しなければならない（適用指針第30項,44項）。

(3) 設　　例

〔設例7〕中途解約

基本情報	条件は【借手の設例5・96頁の基本情報】と同じ
追加情報	ただし,×7年3月31日にリース契約は中途解約された。これに伴い,借手は貸手に50,000千円の規定解約金を支払うことになった。

　この条件での,当初のスケジュールは図表Ⅲ-7のとおりである。

図表Ⅲ-7 【設例5】の（基本情報）でのスケジュール

(単位：千円)

		リース債務					リース資産		
回数	支払月	期首残高 A	支払リース料 B=	支払内訳 支払利息 a=A×利子率	支払内訳 元本返済 b=B-a	期末残高 C=A-b	期首簿価 D	減価償却費 E	期末簿価 F=D-E
0	×1/4/1					100,000			100,000
1	×2/3/31	100,000	12,000	3,460	8,540	91,460	100,000	10,000	90,000
2	×3/3/31	91,460	12,000	3,165	8,835	82,625	90,000	10,000	80,000
3	×4/3/31	82,625	12,000	2,859	9,141	73,484	80,000	10,000	70,000
4	×5/3/31	73,484	12,000	2,543	9,457	64,026	70,000	10,000	60,000
5	×6/3/31	64,026	12,000	2,215	9,785	54,242	60,000	10,000	50,000
6	×7/3/31	54,242	12,000	1,877	10,123	44,119	50,000	10,000	40,000
7	×8/3/31	44,119	12,000	1,527	10,473	33,645	40,000	10,000	30,000
8	×9/3/31	33,645	12,000	1,164	10,836	22,809	30,000	10,000	20,000
9	×10/3/31	22,809	12,000	789	11,211	11,599	20,000	10,000	10,000
10	×11/3/31	11,599	12,000	401	11,599	0	10,000	10,000	0
			120,000	20,000	100,000			100,000	

→ 解約（第6回の行）

表中の網掛けした数値は、以下の仕訳で使用する数値である。

ⅰ）第6回リース料支払時、決算時（×7年3月31日）の仕訳

（借）リース債務	10,123	（貸）現金預金	12,000
（借）支払利息	1,877		
（借）減価償却費	10,000	（貸）減価償却累計額	10,000

ⅱ）解約の仕訳（リース資産の未償却残高の処理）

（借）減価償却累計額	60,000	（貸）リース資産	100,000
（借）リース資産除却損	40,000		

（注1）減価償却累計額は、10,000（年間減価償却費）×6年間
（注2）リース資産除却損は、100,000千円－60,000千円＝40,000千円

ⅲ）解約の仕訳（規定損害金の処理）

（借）リース債務	44,119	（貸）現金預金	50,000
（借）リース債務解約損	5,881		

（注1）リース債務残高は、図表Ⅳ－5を参照。
（注2）現金預金で支払った規定損害金50,000千円とリース債務残高44,119千円との差額5,881千円を「リース債務解約損」として処理する。

　なお、リース資産除却損とリース債務解約損は、「リース解約損」等の科目で損益計算書上合算して表示することができる。

7 リース料の前払い

(1) 概　　要

【設例1】から【設例6】では，全て，一定期間（月間，年間，半年間）のリース料を，その期間の最後に支払うことを条件としていた。

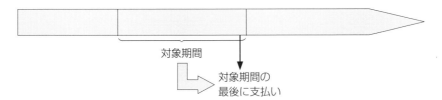

しかしながら，実務上は，一定期間（月間，年間，半年間）のリース料を，その前の対象期間の最後に支払う場合や，次の対象期間の最初に支払う場合などさまざまとなる。リースの会計処理を行う場合にはこのような支払時期の違いを注意する必要がある。具体的には現在価値算定の計算等において工夫が必要になる。以下，前払いの設例をもとに説明する。

(2) 前払いの場合の会計処理（設例）

〔設例8〕前払いの場合

基本情報	下記の情報の修正は【借手の設例5・96頁】の基本情報と同じ
情報の修正	支払いは年1回であるが，各期末に支払うのではなく，当期分を前期末に前払いをする（初回は×1年4月1日）。

① 支払時期

〈リース料を対象期間の前期間の最後に前払いするケース〉

② 現在価値の算定

リース料を対象期間の前の期間の最後に支払う場合（初回は×1年4月1日）の現在価値を，割引料3％を用いて算出すると，105,433千円となる（下の式を参照）。

$$\text{現在価値} = 12,000 + \frac{12,000}{(1+0.03)^1} + \cdots + \frac{12,000}{(1+0.03)^9} = 105,433 \text{千円}$$

(注1) 初回のリース料の支払(12,000千円)は，リースの開始と同時に支払っているので，3％で割引きをせずに計算する。
(注2) 第2回以降は，$(1+0.03)$，・・・で割り引き，最終回（第10回）は $(1+0.03)^9$ で割り引く。

③ リース取引の判定

解約不能で，しかも現在価値は105,433千円で，見積現金購入価額の90％（100,000×90％＝90,000千円）以上なのでフルペイアウトの条件に合致する。また，所有権移転条項，割安購入選択権，特別仕様にはいずれも該当しないので，所有権移転外ファイナンス・リース取引となる。

④ リース資産（リース債務）の計上価額

現在価値が105,433千円で，見積現金購入価額が100,000千円なので，リース資産（リース債務）額は見積現金購入価額である100,000千円となる。

⑤ 利息法で適用される利率の算定

利息法で適用される利率は以下の式が成立するrとなる。4.304％となる。

$$12{,}000 + \frac{12{,}000}{(1+r)^1} + \cdots + \frac{12{,}000}{(1+r)^9} = 100{,}000 \text{ 千円}$$

12,000：リース料総額の毎期の支払額
100,000：リース資産（リース債務）計上額
$r = 4.304\%$

⑥ リース資産の償却

所有権移転外ファイナンス・リース取引なので，解約不能のリース期間である10年を耐用年数，残存価額を残価保証額とし，さらに企業の実態に応じた償却方法である定額法により減価償却費を計算する。

年間の減価償却費＝（リース資産額－残存価額）×1／耐用年数
　　　　　　　　＝（100,000千円－0千円）×1／10年
　　　　　　　　＝10,000千円

⑦ リース債務の返済スケジュール表，リース資産の減価償却表の作成及び仕訳

リース料の返済の仕訳及びリース債務の返済スケジュール表，リース資産の減価償却表は次のとおりとなる。

ⅰ）リース取引開始時（×1年4月1日），第1回リース料支払時の仕訳

| (借) リ ー ス 資 産 | 100,000 | (貸) リ ー ス 債 務 | 100,000 |
| (借) リ ー ス 債 務 | 12,000 | (貸) 現 金 預 金 | 12,000 |

ⅱ）第2回リース料支払時，決算時（×2年3月31日）の仕訳

(借) リ ー ス 債 務	8,212	(貸) 現 金 預 金	12,000
(借) 支 払 利 息	3,788		
(借) 減 価 償 却 費	10,000	(貸) 減価償却累計額	10,000

以後，各期も同様の処理を行う。

ⅲ）第10回リース料支払時，決算日（×10年3月31日）

（借）リース債務	11,505	（貸）現金預金	12,000
（借）支払利息	495		
（借）減価償却費	10,000	（貸）減価償却累計額	10,000

ⅳ）決算日（×11年3月31日），リース物件の返却時

| （借）減価償却費 | 10,000 | （貸）減価償却累計額 | 10,000 |
| （借）減価償却累計額 | 100,000 | （貸）リース資産 | 100,000 |

図表Ⅲ-8　エクセルを利用したリース債務の返済スケジュール表，リース資産の減価償却表

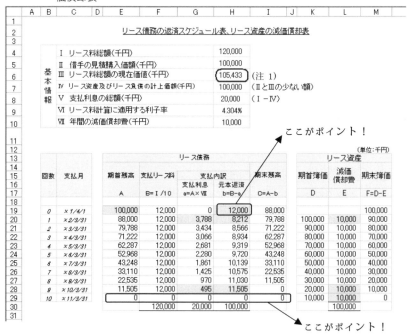

エクセルへの入力の例
　（注1）「=F19+NPV（0.03, F20：F29）」と入力する。
　（注2）×10年3月31日に，リース料の支払いは完了している。
　　表中の網掛けした数値は，上記の仕訳で使用する数値である。

【設例7】では，前対象期間の最後に前払いするケースであったが，実務では，この設例のケース以外もあるので，それぞれのケースに対応した処理が必要となる。

8 セール・アンド・リースバック取引における借手の会計処理

(1) 概　要

　借手が所有する物件を貸手に売却し，貸手から当該物件のリースを受ける取引をセール・アンド・リースバック取引という。セール・アンド・リースバック取引の概要については，PARTⅠの5を参照。会計上は，セール・アンド・リースバック取引も通常のリース取引の処理と同じである。ただし，以下の留意が必要となる（適用指針第48項，49項）。　　　　　　　　☞18頁参照

① 　リース取引の判定において，経済耐用年数については，リースバック時におけるリース物件の性能，規格，陳腐化の状況等を考慮して見積もった経済的使用可能年数を用いる。

② 　リース物件の見積現金購入価額は，借手から貸手への実際売却価額を用いる。

③ 　リース取引が，ファイナンス・リース取引に該当する場合，借手は，原則としてリースの対象となる物件の売却に伴う損益を長期前払費用（又は長期前受収益）等として繰延処理し，リース資産の減価償却費の割合に応じて減価償却費に加減算する。

(2) 設　　例

〔設例9〕セール・アンド・リースバック取引

基本情報	条件は【借手の設例5・96頁の基本情報】と同じ
追加情報	リース物件は，×1年4月1日に借手が貸手に102,500千円で売却したと同時にリースバックしたもの
	借手は，リース物件を，貸手に売却した5年前に130,000千円で購入
	貸手の計算利子率は3.658％であり，借手はこれを知り得る。
	取得時の経済的耐用年数	20年
	借手の固定資産の減価償却方法及び残存価額	定額法，残存価額ゼロ

① 現在価値の算定

下記の算定式によって現在価値を算出すると，99,009千円となる。

$$現在価値 = \frac{12,000}{(1+0.03658)} + \frac{12,000}{(1+0.03658)^2} + \cdots + \frac{12,000}{(1+0.03658)^{10}} = 99,009 千円$$

② リース取引の判定

まず，現在価値基準による判定は，

$$現在価値 99,009 千円 \geq 実際売却価額 102,500 千円 \times 90\%$$

次に，経済的耐用年数基準による判定は，

$$リース期間 10 年 < 経済的耐用年数 15 年 \times 75\%$$

解約不能で，しかも現在価値基準において，フルペイアウトの条件に合致することよりファイナンス・リース取引となる。また，所有権移転条項，割安購入選択権，特別仕様にはいずれも該当しないので，所有権移転外ファイナンス・リース取引となる。

③ リース資産（リース債務）の計上価額

99,009千円となる。

④　利息法で適用される利率の算定

　利息法で適用される利率は，現在価値算定のための割引率と同じ3.658％となる（PARTⅡの7(4)を参照）。　　　　　　　　　　　　　　☞62頁参照

⑤　仕　　訳

ⅰ）資産売却，リース取引開始時（×1年4月1日）

（借）減価償却累計額	32,500	（貸）有形固定資産	130,000
（借）現　金　預　金	102,500	（貸）長期前受収益	5,000
（借）リ　ー　ス　資　産	99,009	（貸）リ　ー　ス　債　務	99,009

（注1）減価償却累計額＝130,000千円×5年／20年＝32,500千円
（注2）長期前受収益＝売却価額－売却時の簿価
　　　　　　　　　＝102,500千円－130,000千円×15年／20年＝5,000千円

ⅱ）第1回リース料支払時，決算時（×2年3月31日）の仕訳

（借）リ　ー　ス　債　務	8,378	（貸）現　金　預　金	12,000
（借）支　払　利　息	3,622		
（借）減　価　償　却　費	9,900	（貸）減価償却累計額	9,900
（借）長期前受収益	500	（貸）長期前受収益償却	500

（注1）年間の減価償却費＝（99,009千円－0円）×1年／10年＝9,900千円
（注2）長期前受収益償却＝5,000千円×1年／10年＝500千円
　　　　長期前受収益は，リース資産の減価償却費の場合に応じて償却し，減価償却費から控除されて表示される。よって，減価償却費は9,400千円となる。

ⅲ）第10回リース料支払時，決算日，返却時（×11年3月31日）

（借）リ　ー　ス　債　務	11,577	（貸）現　金　預　金	12,000
（借）支　払　利　息	423		
（借）減　価　償　却　費	9,909	（貸）減価償却累計額	9,909
（借）長期前受収益	500	（貸）長期前受収益償却	500
（借）減価償却累計額	99,009	（貸）リ　ー　ス　資　産	99,009

9 少額リース資産及び短期のリース取引の会計処理
―リース取引と重要性の原則(1)―

(1) 重要性の原則とリース会計

会計では重要性の原則という概念がある。重要性の原則とは,財務諸表の利用者の意思決定や判断に影響を与える可能性のある重要な事項は適切な会計処理を行い,詳細に表示されなければならないが,重要でない項目は簡便な会計処理によって簡潔に表示することができるというものである。

リース取引の会計処理においても,PARTⅠの10に記載のとおり,リース資産総額や個々のリース資産などに重要性がない場合には,簡便な会計処理によって簡潔に表示することが認められている。リース会計の借手の処理においては,以下の場面において重要性の原則が適用されている。　☞33頁参照

図表Ⅲ-9　重要性の原則とリース会計

対象	条件	認められる処理	PARTⅢの該当箇所
所有権移転ファイナンス・リース取引及び所有権移転外ファイナンス・リース取引	<個別資産基準>個々のリース資産に重要性がないと認められた場合(少額リース資産,短期リース取引)	オペレーティング・リース取引に準じて賃貸借取引に係る方法に準じた会計処理ができる。	PARTⅢ 9(2)(118頁参照)
所有権移転外ファイナンス・リース取引	<リース資産総額基準>リース資産総額に重要性がないと認められる場合	簡便的な会計処理及び表示が認められている。	PARTⅢ 10(120頁参照)
オペレーティング・リース取引	重要性に乏しいオペレーティング・リース取引	解約不能のものに係る未経過リース料の注記を省略できる。	PARTⅢ 11(124頁参照)

(2) 少額リース資産及び短期のリース取引の取扱い

　まず、ファイナンス・リース取引と判定された場合でも、個々のリース資産に重要性が乏しいと認められる場合には、簡便的にオペレーティング・リース取引の会計処理に準じて通常の賃貸借取引に係る方法に準じて会計処理を行うことができる（適用指針第34項、45項）。具体的には、以下の①から③のいずれかを満たすような少額リース資産又は短期のリース取引の場合である（適用指針第35項、46項）。

① 通常、会社は自己所有の固定資産について一定の基準額を設定した上で、当該基準に満たなければ、金額的に重要ではないとして購入時に費用処理する。リース資産についても同様に、リース料総額が当該基準に満たなければ重要性がない少額のリース資産として賃貸借取引に係る方法に準じて会計処理をすることができる。この場合、1つのリース契約に複数のリース物件が含まれている場合には、リース料総額を物件単位に分けた上で基準額と比較する。また、リース料総額に含まれる利息相当額分だけ基準額を高く設定できる。例えば会社が30万円未満の自己所有の減価償却資産を費用処理している場合、リース資産に対してはこれに利息相当分を加えた金額（例えば35万円）を基準額として設定することができる。

② リース期間がリース取引開始日から1年以内のリース取引については、賃貸借取引に係る方法に準じて会計処理を行うことができる

③ 企業の事業内容に照らして重要性の乏しいリース取引で、リース契約1件当たりのリース料総額が300万円以下の取引については、賃貸借取引に係る方法に準じて会計処理を行うことができる。なお、リース料総額に対して維持管理費相当額又は通常の保守等の役務提供相当額の占める割合が重要な場合には、その合理的な見積額をリース料総額から除いた額で比較することができる（ただし、③は所有権移転外ファイナンス・リース取引のみに適用）。

(3) 背　景

　通常，自己所有の固定資産においては，取得価額が一定額未満であったり耐用年数が1年以下であったりする場合には費用処理される。リース資産についても自己所有の固定資産の処理方針との整合性を保つため，少額リース資産やリース期間が1年以内の短期のリース取引については，重要性の原則を適用してオペレーティング・リース取引の会計処理に準じて通常の賃貸借取引に係る方法に準じて会計処理を行うことができるとしている。

　また，日本のリース取引は，事務機器等の比較的少額なリース資産に利用されることが多く，このような場合リース料総額も少額になる可能性が高い。このような背景を踏まえ，日本のリース取引で比較的多いと思われるリース料総額が300万円以下の取引は，重要性の原則を適用してオペレーティング・リース取引の会計処理に準じて通常の賃貸借取引に係る方法に準じて会計処理を行うことができる。

図表Ⅲ－10　少額リース資産，短期リース取引の重要性の判断フロー

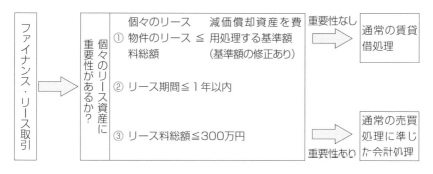

10 リース資産総額に重要性がない場合に認められる簡便的な会計処理
—リース取引と重要性の原則(2)—

(1) 概　　要

　PARTⅡの7で説明した通り，ファイナンス・リース取引では，原則的にリース料総額は利息相当額とリース債務の元本返済部分に区分され，このうち利息相当額については利息法により各期に配分される。しかしながら，会計基準では，所有権移転外ファイナンス・リース取引に限定した上で，リース資産総額に重要性がないと認められた場合には，1）利息相当額を計上しない方法　2）利息相当額を定額法により各期に配分する方法のいずれかを採用できるとしている（適用指針第31項）。具体的にいうと，原則的にリース料総額は利息相当額とリース債務の元本返済部分に区分されるが，リース資産総額に重要性がない場合には，まずリース料総額を全額リース資産（リース債務）額とした上で，リース料の支払いをリース債務の元本返済だけに充てることができる。さらに，この方法によらず，利息相当額を計上したとしても，その利息相当額は利息法ではなく定額法によって各期に配分することができるとしている。

　なお，これらの方法が適用可能となるためには，次の算式が成立し，リース資産総額に重要性がないと認められた場合に限られる（適用指針第32項）。

$$\text{リース比率} = \frac{\text{未経過リース料の期末残高（注）}}{\text{未経過リース料の期末残高（注）} + \text{有形固定資産残高} + \text{無形固定資産残高}} < 10\%$$

（注）リース資産総額の重要性を判断するので，本来は未経過リース料ではなくリース資産額を使うべきであるが，リース資産の算定は割引計算等煩雑なので未経過リース料の期末残高を代替的に使用している。なお，未経過リース料はPARTⅢ10で個々のリース資産に重要性が乏しいと判定された少額リース資産や短期のリース取引，また利息法によって利息相当額をリース期間中の各期に配分しているリース資産に

係るものを除く。

(2) 利息相当額を計上しない方法

リース資産総額に重要性がない場合，まずリース料総額から利息相当額の合理的な見積額を控除しない方法によることができる。この方法ではリース料総額をリース債務の元本返済だけに充てることになるので【リース料総額＝リース債務額】という関係式が成立する。

(3) 利息相当額を定額法により各期へ配分する方法

リース資産総額に重要性がない場合，(2)の方法によらず，リース料総額を利息相当額とリース債務の元本返済部分に区分した場合においても，利息法ではなく，リース期間中に一定額の利息相当額を均等に配分する定額法によって利息相当額を各期に計上することができる。

(4) 設　　例

〔設例10〕リース資産総額に重要性がない場合

【設例5】の基本情報（所有権移転外ファイナンス・リース取引）における原則的な方法の返済スケジュール表を図表Ⅲ-11に示す。また，原則的な方法と簡便的な2つの方法（利息相当額を計上しない方法，定額法）による仕訳を図表Ⅲ-12に示す。

(5) 所有権移転外ファイナンス・リースで簡便的な方法が容認される理由

図表Ⅲ-12の通り，採用する方法によって各期の仕訳や数値に差が生じる。しかしながら，リース期間中の費用総額は，いずれの方法でも120,000千円で一致する。

3つの方法によるリース期間中の費用の総額は以下の通りである。

【原則的な方法】120,000千円（支払利息20,000千円＋減価償却費100,000千円）
【利息相当額を計上しない方法】120,000千円（減価償却費のみ）
【定額法】120,000千円（支払利息20,000千円＋減価償却費100,000千円）

　このように，所有権移転外ファイナンス・リースでは，原則的な方法と簡便的な２つの方法のどれを採用してもリース期間中の費用の総額は一致する。一方，所有権移転ファイナンス・リースで，このような簡便法を認めた場合，残存価額（ゼロではなく自己所有の固定資産と同じ残存価額）や耐用年数（リース期間ではなく経済的使用可能予測期間）などの考え方の違いによって，採用した方法によりリース期間中の費用の総額には差が生じる。

　簡便的な方法は，所有権移転外ファイナンス・リースのみに認められ，所有権移転ファイナンス・リースには認められないが，これは所有権移転外ファイナンス・リースと所有権移転ファイナンス・リースで，損益に及ぼす影響に違いがあるためと思われる。

図表Ⅲ－11　原則的な方法による返済スケジュール

基本情報			
Ⅰ	リース料総額（千円）	120,000	
Ⅱ	借手の見積購入価額（千円）	100,000	
Ⅲ	リース料総額の現在価値（千円）	102,362	
Ⅳ	リース資産及びリース負債の計上価額（千円）	100,000	（ⅡとⅢの少ない額）
Ⅴ	支払利息の総額（千円）	20,000	（Ⅰ－Ⅳ）
Ⅵ	リース料計算に適用する利子率	3.460%	
Ⅶ	年間の減価償却費（千円）	10,000	

（単位：千円）

回数	支払月	リース債務 期首残高 A	支払リース料 B=	支払内訳 支払利息 a=A×利子率	支払内訳 元本返済 b=B-a	期末残高 C=A-b	リース資産 期首簿価 D	減価償却費 E	期末簿価 F=D-E
0	×1/4/1					100,000			100,000
1	×2/3/31	100,000	12,000	3,460	8,540	91,460	100,000	10,000	90,000
2	×3/3/31	91,460	12,000	3,165	8,835	82,625	90,000	10,000	80,000
3	×4/3/31	82,625	12,000	2,859	9,141	73,484	80,000	10,000	70,000
4	×5/3/31	73,484	12,000	2,543	9,457	64,026	70,000	10,000	60,000
5	×6/3/31	64,026	12,000	2,215	9,785	54,242	60,000	10,000	50,000
6	×7/3/31	54,242	12,000	1,877	10,123	44,119	50,000	10,000	40,000
7	×8/3/31	44,119	12,000	1,527	10,473	33,645	40,000	10,000	30,000
8	×9/3/31	33,645	12,000	1,164	10,836	22,809	30,000	10,000	20,000
9	×10/3/31	22,809	12,000	789	11,211	11,599	20,000	10,000	10,000
10	×11/3/31	11,599	12,000	401	11,599	0	10,000	10,000	0
			120,000	20,000	100,000			100,000	

表中の網掛けした数値は，以下の原則的な方法の仕訳で使用する数値である。

PART Ⅲ　借手の処理（応用編）

図表Ⅲ-12　原則的な方法と簡便法との比較

	原則的な方法	利息相当額を計上しない方法	定額法
リース取引開始日	（借）リース資産 100,000　（貸）リース債務 100,000	（借）リース資産 120,000　（貸）リース債務 120,000 ※リース料総額を計上する	（借）リース資産 100,000　（貸）リース債務 100,000 ※計上価額は原則法と同じ
リース料支払時 減価償却時（第1回）	（借）リース債務 8,540　支払利息 3,460　（貸）現金預金 12,000　（借）減価償却累計額 10,000　（貸）減価償却累計額 10,000	（借）リース債務 12,000　（貸）現金預金 12,000　（借）減価償却費 12,000　（貸）減価償却累計額 12,000	（借）リース債務 10,000　支払利息 2,000　（貸）現金預金 12,000　（借）減価償却費 10,000　（貸）減価償却累計額 10,000 ※毎期一定額の支払利息（20,000千円×1/10年）を計上する。
リース料支払時 減価償却時（第2回）	（借）リース債務 8,835　支払利息 3,165　（貸）現金預金 12,000　（借）減価償却費 10,000　（貸）減価償却累計額 10,000	（借）リース債務 12,000　（貸）現金預金 12,000　（借）減価償却費 12,000　（貸）減価償却累計額 12,000	（借）リース債務 10,000　支払利息 2,000　（貸）現金預金 12,000　（借）減価償却費 10,000　（貸）減価償却累計額 10,000
…	…	…	…
リース物件の返却時	（借）減価償却累計額 100,000　（貸）リース資産 100,000	（借）減価償却累計額 120,000　（貸）リース資産 120,000	（借）減価償却累計額 100,000　（貸）リース資産 100,000

11 オペレーティング・リース取引に係る会計処理と注記

(1) オペレーティング・リース取引

　ファイナンス・リース取引以外のリース取引をオペレーティング・リース取引という。ファイナンス・リース取引が,「解約不能」で,しかも「フルペイアウト」のリース取引なので,オペレーティング・リース取引は「解約不能」と「フルペイアウト」の両方又はいずれかを満たさない取引ということになる。一般的には「フルペイアウト」の要件を満たさないリース取引のことをいう。フルペイアウトと判定されない取引ということは,借手にとっては実質全額負担しなくても良いということであり魅力的な取引といえる。一方,貸手にとっては,回収できなかった分を中古市場などで別途回収しなければならない。そのため,オペレーティング・リースは中古市場が整備されている市場,例えば自動車などの物件を対象として行われている。通常,レンタル,賃貸借と言われている取引もオペレーティングリース取引に該当する。さらに,再リースについても,リース契約時から借手が再リースを行うことが明らかな場合を除き,原則としてオペレーティング・リースとして取り扱う。

(2) オペレーティング・リースの会計処理

　オペレーティング・リース取引及びPART Ⅲ の 9 で説明した少額リース資産又は短期のリース取引においては,通常の賃貸借取引に係る方法に準じて会計処理を行う（会計基準第15項,適用指針第34項,45項）。ファイナンス・リース取引との会計処理の簡単な比較は図表Ⅲ-13の通りである。

図表Ⅲ-13　オペレーティング・リース取引とファイナンス・リース取引の会計処理の比較

	オペレーティング・リース取引	ファイナンス・リース取引
リース取引開始日	会計処理なし	（借）リース資産　（貸）リース債務
リース料支払時	（借）支払リース料　（貸）現金預金	（借）リース債務　（貸）現金預金 （借）支払利息
減価償却実施時	会計処理なし	（借）減価償却費　（貸）減価償却累計額
リース完了時	会計処理なし	会計処理なし （ただし，所有権移転ファイナンス・リースで，所有権移転条項がある場合には，リース完了時にリース資産から自己所有の固定資産に振り替える。）

　前述の通り，一般的にはオペレーティング・リース取引は「フルペイアウト」の要件を満たさないリース取引をいうので，結果的に「解約不能」と「解約可能」の2つのタイプに分けられることになる。会計基準では，この内「解約不能」なオペレーティング・リース取引については，重要性が乏しい場合を除き，支払期間が貸借対照日後1年以内と1年超に分けて，解約不能期間中の未経過リース料残高について注記することを要求している（会計基準第22項）。

	1年以内	1年超	合計
未経過リース料	○○	○○	○○

　このようなリース取引においては，解約不能な未経過リース料は潜在的な債務であるという考え方に基づいて，売買処理に準じてリース資産（リース債務）を開示しない代わりに注記情報で開示するべきこととしたのである。

(3) オペレーティング・リース取引における重要性

　以上より，「解約不能」なオペレーティング・リース取引は原則的に注記開示が必要であるが，重要性が乏しい場合には注記が不要となる。ここで重要性

が乏しい場合とは，次のいずれかに該当する場合である（適用指針第75項）。
① 自己所有の固定資産については，通常一定の規準額を設定し当該基準に満たなければ金額的に重要ではないとして購入時に費用処理されている場合で，リース料総額が当該基準額に満たない場合。ただし，1つのリース契約に複数のリース物件が含まれている場合には物件単位のリース料総額で比較でき，またリース料総額に含まれる利息相当額分だけ基準額を高く設定できる。
② リース取引開始日からリース期間が1年以内のリース取引
③ 契約上数ヶ月程度の事前予告をもって解約できるものと定められているリース契約で，その予告した解約日以降のリース料の支払いを要しないリース取引における事前予告期間（すなわち，解約不能期間）に係る部分
④ 企業の事業内容に照らして重要性の乏しいリース取引でリース契約1件当たりのリース料総額が300万円以下の取引。なお，維持管理費相当額又は通常の保守等の役務提供相当額のリース料総額に占める割合が重要な場合には，その合理的な見積額をリース料総額から除くことができる。

図表Ⅲ-14 オペレーティング・リース取引における重要性のフロー

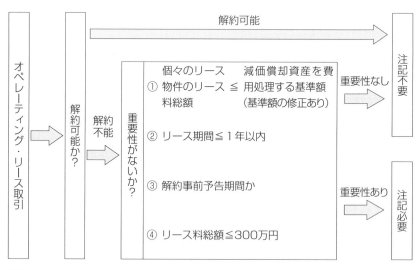

12 リース取引の開示

(1) ファイナンス・リース取引の開示
① 表　　示
　リース資産は，有形固定資産，無形固定資産の別に，一括して「リース資産」として表示しなければならない。ただし，有形固定資産又は無形固定資産に属する各科目に含めることもできる（会計基準第16項）。また，例えば，所有権移転ファイナンス・リースには，有形固定資産又は無形固定資産に属する各科目に含める方法を適用し，所有権移転外ファイナンス・リース取引には，「リース資産」として表示する方法を適用することもできる（会計基準第42項）。

　一方，リース債務は，貸借対照表日後1年以内に支払いの期限が到来するものは流動負債に属するものとし，貸借対照表日後1年を超えて支払いの期限が到来するものは固定負債に属するものとする（会計基準第17項）。

② 注　　記
　リース資産については，その内容（主な資産の種類等）及び減価償却方法を注記する。但し，重要が乏しい場合には，当該注記を要しない（会計基準第19項）。ここで，重要性が乏しい場合とは，次の算式が成立し，リース資産総額に重要性がないと認められた場合である（適用指針第71項）。

$$\text{リース比率} = \frac{\text{未経過リース料の期末残高(注)}}{\text{未経過リース料の期末残高(注)} + \text{有形固定資産残高} + \text{無形固定資産残高}} < 10\%$$

（注）なお，未経過リース料は，PART Ⅲの10で個々のリース資産に重要性が乏しいと判定された少額リース資産や短期のリース取引，また利息法によって利息相当額をリース期間中の各期に配分しているリース資産に係るものを除く。

【貸借対照表注記】

貸借対照表に計上したリース資産は、○○設備一式及び××設備一式についてリース契約により使用しているものです。

【重要な会計方針の注記】

固定資産の減価償却の方法
　リース資産は、リース期間を耐用年数とし、残存価額をゼロとする定額法によっております。

(2) オペレーティング・リース取引の開示

　PARTⅢの12にある通り、オペレーティング・リース取引のうち、「解約不能」なオペレーティング・リース取引については、重要性が乏しい場合を除き、支払期間が貸借対照日後1年以内と1年超に分けて、解約不能期間中の未経過リース料残高について注記する（会計基準第22項）。

PART IV

貸手の処理

1 所有権移転ファイナンス・リース取引の会計処理

(1) 会計処理の基本

　所有権移転ファイナンス・リース取引は，リース物件の売却とリース債権の回収取引である。したがって，その金融的側面に着目し，各期のリース債権残高に対して，一定の利益率になるように利息相当額（＝リース料総額－リース物件の購入価額）をリース期間にわたり利息法により配分する（会計基準第14項，適用指針第63項，125項）。ここでは，貸手としてのリース取引に重要性が乏しいと認められる場合の取扱いがなく（「会計基準及び適用指針の公表にあたって」の本会計基準等の概要），定額法は認められないことに留意する。

　また，貸手はリース債権の回収をリース料及び割安購入選択権の行使価額で回収を図る。したがって，割安購入選択権がある場合には，その行使価額をリース料総額に含める（適用指針第61項）。

　なお，このリース債権は金融商品と考えられ，貸倒見積高の算定等において，企業会計基準第10号「金融商品に関する会計基準」の定めに従う（会計基準第41項）。

　具体的な仕訳は，取引の実態に応じて，下記設例の3方法のうちから選択し，継続的に適用しなければならない。なお，第1法及び第2法は割賦販売取引で一般的に採用されている方法であり，割賦販売を行っている企業はその処理方法との整合性を考慮しなければならない（適用指針第51項，61項，122項，123項）。

　なお，新基準と従来の会計処理との違いを示すと以下のとおりである。網掛けした部分が，この項目で取り扱う部分である。

図表Ⅱ-1 リース取引の区分と会計処理

			会計処理	
			従来	新基準
リース取引	ファイナンス・リース取引	所有権移転ファイナンス・リース取引	売買処理	売買処理
		所有権移転外ファイナンス・リース取引 原則：	売買処理	売買処理
		例外：	賃貸借処理（注記が要件）	廃止
	オペレーティング・リース取引		賃貸借処理	賃貸借処理

(2) 設 例

〔設例11〕所有権移転ファイナンス・リース取引

基本情報	（解約不能の）リース期間	5年
	貸手の購入価額	48,000 千円
	リース料総額	61,000 千円
	うち割安購入選択権	1,000 千円
	リース物件の経済的耐用年数	8年
	リース料は半年毎（各半期末）6,000千円の後払い	

PART IV　貸手の処理

回収予定表

(単位：千円)

回数	回収月	リース債権 A	リース料 B	受取利息 a=A×9.101%÷2	元本回収 b=B-a	リース債権 C=A-b	貸手の計算利子率の算出	
0	2019年4月1日	48,000	0	0	0	48,000	△48,000	=△A
1	2019年9月30日	48,000	6,000	2,184	3,816	44,184	6,000	=B
2	2020年3月31日	44,184	6,000	2,011	3,989	40,195	6,000	=B
3	2020年9月30日	40,195	6,000	1,829	4,171	36,024	6,000	=B
4	2021年3月31日	36,024	6,000	1,639	4,361	31,663	6,000	=B
5	2021年9月30日	31,663	6,000	1,441	4,559	27,104	6,000	=B
6	2022年3月31日	27,104	6,000	1,233	4,767	22,337	6,000	=B
7	2022年9月30日	22,337	6,000	1,016	4,984	17,353	6,000	=B
8	2023年3月31日	17,353	6,000	790	5,210	12,143	6,000	=B
9	2023年9月30日	12,143	6,000	553	5,447	6,696	6,000	=B
10	2024年3月31日	6,696	7,000	304	6,696	0	7,000	=B
			61,000	13,000	48,000		9.101%	=IRR(K6:K16)*2

表中の網掛けした数値は，以下の仕訳で使用する数値である。

① ファイナンス・リース取引かオペレーティング・リース取引かの判定

PART IIの「図表II-2　リース取引の判定フロー」を再掲する。

図表II-2　リース取引の判定フロー

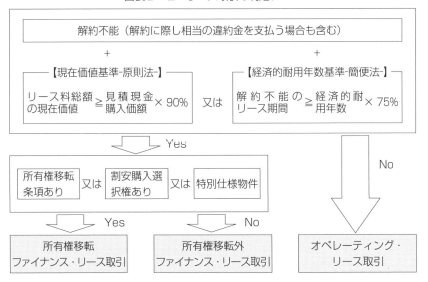

1）現在価値基準による判定

貸手の計算利子率は次のような算式から，上記回収予定表の関数を用いて算出される。

$$\text{現在価値} = \frac{6{,}000}{(1 + r \times 1/2)} + \cdots + \frac{(6{,}000 + 1{,}000)}{(1 + r \times 1/2)^{10}} = 48{,}000 \text{ 千円}$$

$$r = 9.101\%$$

貸手の適用利率9.101％を用いてリース料総額を現在価値に割り引くと48,000千円となる。

現在価値48,000千円≧貸手の購入価額48,000千円×90％

2）経済的耐用年数による判定

リース期間5年＜経済的耐用年数8年×75％

したがって，上記のうち，現在価値基準の要件を満たすため，ファイナンス・リース取引に該当する。

② 所有権移転か所有権移転外かの判定

割安購入選択権が付与されており，その行使が契約時に確実に予想されるため，所有権移転ファイナンス・リース取引に該当する。

③ 会計処理

第1法　リース取引開始日に売上高と売上原価を計上する方法

2019年4月1日（リース取引開始日）

| (借)リース債権 | 61,000 | (貸)売　上　高 | 61,000 |
| (借)売 上 原 価 | 48,000 | (貸)買　掛　金 | 48,000 |

2019年9月30日（第1回回収日・中間決算日）

| （借）現　金　預　金 | 6,000 | （貸）リ ー ス 債 権 | 6,000 |
| （借）繰延リース利益繰入(PL) | 10,816 | （貸）繰延リース利益(BS) | 10,816※ |

※ 10,816 ＝ 利息相当額の総額 13,000 － 当半期に対応する利息相当額 2,184

なお，繰延リース利益（ＢＳ）はリース債権と相殺表示する。

2020年3月31日（第2回回収日・決算日）

| （借）現　金　預　金 | 6,000 | （貸）リ ー ス 債 権 | 6,000 |
| （借）繰延リース利益(BS) | 2,011 | （貸）繰延リース利益繰入(PL) | 2,011 |

リース取引開始事業年度については，繰延リース利益繰入のマイナス，翌期以降は繰延リース利益戻入益とする。

以後の各期も同様な処理を行う。

2024年3月31日（借手が割安購入選択権を行使）

| （借）現　金　預　金 | 1,000 | （貸）リ ー ス 債 権 | 1,000 |

第2法　リース料受取時に売上高と売上原価を計上する方法

2019年4月1日（リース取引開始日）

| （借）リ ー ス 債 権 | 48,000 | （貸）買　　掛　　金 | 48,000 |

2019年9月30日（第1回回収日・中間決算日）

| （借）現　金　預　金 | 6,000 | （貸）売　　上　　高 | 6,000 |
| （借）売　上　原　価 | 3,816 | （貸）リ ー ス 債 権 | 3,816 |

以後の各期も同様な処理を行う。

2024年3月31日(借手が割安購入選択権を行使)

| (借)現 金 預 金 | 1,000 | (貸)売 上 高 | 1,000 |
| (借)売 上 原 価 | 1,000 | (貸)リ ー ス 債 権 | 1,000 |

第3法　売上高を計上せずに利息相当額を各期へ配分する方法

2019年4月1日(リース取引開始日)

| (借)リ ー ス 債 権 | 48,000 | (貸)買 掛 金 | 48,000 |

2019年9月30日(第1回回収日・中間決算日)

| (借)現 金 預 金 | 6,000 | (貸)リ ー ス 債 権 | 3,816 |
| | | (貸)受 取 利 息 | 2,184 |

以後の各期も同様な処理を行う。

2024年3月31日(借手が割安購入選択権を行使)

| (借)現 金 預 金 | 1,000 | (貸)リ ー ス 債 権 | 1,000 |

2 所有権移転外ファイナンス・リース取引の会計処理（原則法）

(1) 会計処理の基本

　所有権移転ファイナンス・リース取引と同様，その金融的な側面に着目し，各期のリース債権残高に対して，一定の利益率になるように利息相当額（＝リース料総額－リース物件の購入価額）をリース期間にわたり利息法により配分することを原則とする（会計基準第14項，適用指針第53項，126項）。

図表Ⅳ-1　リース取引の区分と会計処理

リース取引			会計処理	
			従来	新基準
ファイナンス・リース取引	所有権移転ファイナンス・リース取引		売買処理	売買処理
	所有権移転外ファイナンス・リース取引	原則：	売買処理	売買処理
		例外：	賃貸借処理（注記が要件）	廃止
オペレーティング・リース取引			賃貸借処理	賃貸借処理

　所有権移転ファイナンス・リース取引と所有権移転外ファイナンス・リース取引の回収手段に差異があることから，貸借対照表科目も異なっている（会計基準第13項，40項，適用指針第124項）。

	所有権移転ファイナンス・リース	所有権移転外ファイナンス・リース
回収手段	リース料 割安購入選択権	リース料 見積残存価額の価値
貸借対照表科目	リース債権	リース投資資産
当該貸借対照表科目の性格	金融商品	将来のリース料を収受する権利（金融商品的な性格有）と見積残存価額から構成される複合的な資産
流動・固定の別 （会計基準第18項及び第44項）	・当該企業の主目的たる営業取引により発生したものである場合には流動資産 ・当該企業の主目的以外の取引により発生したものは，貸借対照表日の翌日から起算して1年以内に入金の期限が来るものは流動資産，それ以外は固定資産とする。	
利息相当額の配分方法	利息法	原則：利息法 簡便法：リース期間定額法

(2) 設 例

〔設例12〕所有権移転外ファイナンス・リース取引（原則法）

基本情報	（解約不能の）リース期間	5年
	貸手の購入価額	48,000 千円
	リース料総額	60,000 千円
	所有権移転条項，割安購入選択権及び特別仕様	なし
	リース物件の経済的耐用年数	8年
	リース料は半年毎（各半期末）6,000千円の後払い	

PART Ⅳ 貸手の処理

回収予定表 (単位：千円)

回数	回収月	リース投資資産 A	リース料 B	受取利息 a=A×8.555%÷2	元本回収 b=B-a	リース投資資産 C=A-b	貸手の計算利子率の算出	
0	2019年4月1日	48,000	0	0	0	48,000	△48,000	=△A
1	2019年9月30日	48,000	6,000	2,053	3,947	44,053	6,000	=B
2	2020年3月31日	44,053	6,000	1,884	4,116	39,937	6,000	=B
3	2020年9月30日	39,937	6,000	1,709	4,291	35,646	6,000	=B
4	2021年3月31日	35,646	6,000	1,525	4,475	31,171	6,000	=B
5	2021年9月30日	31,171	6,000	1,333	4,667	26,504	6,000	=B
6	2022年3月31日	26,504	6,000	1,134	4,866	21,638	6,000	=B
7	2022年9月30日	21,638	6,000	926	5,074	16,564	6,000	=B
8	2023年3月31日	16,564	6,000	708	5,292	11,272	6,000	=B
9	2023年9月30日	11,272	6,000	482	5,518	5,754	6,000	=B
10	2024年3月31日	5,754	6,000	246	5,754	0	6,000	=B
			60,000	12,000	48,000		8.555%	=IRR(K25:K35)*2

表中の網掛けした数値は，以下の仕訳で使用する数値である。

① ファイナンス・リース取引かオペレーティング・リース取引かの判定

1）現在価値基準による判定

貸手の計算利子率は次のような算式から，上記回収予定表の関数を用いて算出される。

$$現在価値 = \frac{6,000}{(1+r \times 1/2)} + \cdots + \frac{6,000}{(1+r \times 1/2)^{10}} = 48,000 千円$$

$$r = 8.555\%$$

貸手の適用利率 8.555％ を用いてリース料総額を現在価値に割り引くと 48,000 千円となる。

現在価値 48,000 千円 ≧ 購入価額 48,000 千円 × 90％

2）経済的耐用年数による判定

リース期間 5 年 ＜ 経済的耐用年数 8 年 × 75％

したがって，上記のうち，現在価値基準の要件を満たすため，ファイナンス・

リース取引に該当する。

② 所有権移転か所有権移転外かの判定

所有権移転条項及び割安購入選択権がなく，特別仕様でもないため，所有権移転外ファイナンス・リース取引に該当する。

③ 会計処理

第1法　リース取引開始日に売上高と売上原価を計上する方法

2019年4月1日（リース取引開始日）

| （借）リース投資資産 | 60,000 | （貸）売　上　高 | 60,000 |
| （借）売 上 原 価 | 48,000 | （貸）買　掛　金 | 48,000 |

2019年9月30日（第1回回収日・中間決算日）

| （借）現 金 預 金 | 6,000 | （貸）リース投資資産 | 6,000 |
| （借）繰延リース利益繰入(PL) | 9,947 | （貸）繰延リース利益(BS) | 9,947※ |

※ 9,947＝利息相当額の総額12,000－当半期に対応する利息相当額2,053

なお，繰延リース利益（BS）はリース投資資産と相殺表示する。

2020年3月31日（第2回回収日・決算日）

| （借）現 金 預 金 | 6,000 | （貸）リース投資資産 | 6,000 |
| （借）繰延リース利益(BS) | 1,884 | （貸）繰延リース利益繰入(PL) | 1,884 |

リース取引開始事業年度については，繰延リース利益繰入のマイナス，翌期以降は繰延リース利益戻入益とする。

以後の各期も同様な処理を行う。

第2法　リース料受取時に売上高と売上原価を計上する方法

2019年4月1日（リース取引開始日）

| （借）リース投資資産 | 48,000 | （貸）買　掛　金 | 48,000 |

2019年9月30日（第1回回収日・中間決算日）

（借）現　金　預　金	6,000	（貸）売　　上　　高	6,000
（借）売　上　原　価	3,947	（貸）リース投資資産	3,947

以後の各期も同様な処理を行う。

第3法　売上高を計上せずに利息相当額を各期へ配分する方法

2019年4月1日（リース取引開始日）

（借）リース投資資産	48,000	（貸）買　　掛　　金	48,000

2019年9月30日（第1回回収日・中間決算日）

（借）現　金　預　金	6,000	（貸）リース投資資産	3,947
		（貸）受　取　利　息	2,053

以後の各期も同様な処理を行う。

3 所有権移転外ファイナンス・リース取引の会計処理（簡便法）

(1) 会計処理の基本

貸手としてのリース取引に重要性がないと認められる場合（重要性の判断基準(1)）は，利息相当額（＝リース料総額－リース物件の購入価額）をリース期間中の各期に定額で配分することができる（適用指針第59項，129項）。

なお，リース取引を主たる事業としている企業はこの簡便法を採用することはできないことに留意する。　　　　　　　　　　　　　　　　　☞ 177頁参照

(2) 設　例

〔設例13〕所有権移転外ファイナンス・リース取引（簡便法）

前述の所有権移転外ファイナンス・リースの設例と同一とする。☞ 143頁参照

回　収　表

（単位：千円）

回数	回収月	リース投資資産 A	リース料 B	受取利息 a=12,000÷2	元本回収 b=B-a	リース投資資産 C=A-b
0	2019年4月1日	48,000	0	0	0	48,000
1	2019年9月30日	48,000	6,000	1,200	4,800	43,200
2	2020年3月31日	43,200	6,000	1,200	4,800	38,400
3	2020年9月30日	38,400	6,000	1,200	4,800	33,600
4	2021年3月31日	33,600	6,000	1,200	4,800	28,800
5	2021年9月30日	28,800	6,000	1,200	4,800	24,000
6	2022年3月31日	24,000	6,000	1,200	4,800	19,200
7	2022年9月30日	19,200	6,000	1,200	4,800	14,400
8	2023年3月31日	14,400	6,000	1,200	4,800	9,600
9	2023年9月30日	9,600	6,000	1,200	4,800	4,800
10	2024年3月31日	4,800	6,000	1,200	4,800	0
			60,000	12,000	48,000	

表中の網掛けした数値は，以下の仕訳で使用する数値である。

PARTⅣ　貸手の処理

第1法　リース取引開始日に売上高と売上原価を計上する方法

2019年4月1日（リース取引開始日）

| （借）リース投資資産 | 60,000 | （貸）売　　上　　高 | 60,000 |
| （借）売　上　原　価 | 48,000 | （貸）買　　掛　　金 | 48,000 |

2019年9月30日（第1回回収日・中間決算日）

| （借）現　金　預　金 | 6,000 | （貸）リース投資資産 | 6,000 |
| （借）繰延リース利益繰入(PL) | 10,800 | （貸）繰延リース利益(BS) | 10,800※ |

※ 10,800＝利息相当額の総額12,000－利息相当額の総額12,000÷5年÷2

なお，繰延リース利益（BS）はリース投資資産と相殺表示する。

2020年3月31日（第2回回収日・決算日）

| （借）現　金　預　金 | 6,000 | （貸）リース投資資産 | 6,000 |
| （借）繰延リース利益(BS) | 1,200※ | （貸）繰延リース利益繰入(PL) | 1,200 |

※ 1,200＝利息相当額の総額12,000÷5年÷2

　リース取引開始事業年度については，繰延リース利益繰入のマイナス，翌期以降は繰延リース利益戻入益とする。

　以後の各期も同様な処理を行う。

第2法　リース料受取時に売上高と売上原価を計上する方法

2019年4月1日（リース取引開始日）

| （借）リース投資資産 | 48,000 | （貸）買　　掛　　金 | 48,000 |

2019年9月30日（第1回回収日・中間決算日）

| （借）現　金　預　金 | 6,000 | （貸）売　　上　　高 | 6,000 |
| （借）売　上　原　価 | 4,800※ | （貸）リース投資資産 | 4,800 |

※ 4,800＝受取リース料6,000－利息相当額の総額12,000÷5年÷2

以後の各期も同様な処理を行う。

第3法　売上高を計上せずに利息相当額を各期へ配分する方法

2019年4月1日（リース取引開始日）

| （借）リース投資資産 | 48,000 | （貸）買　掛　金 | 48,000 |

2019年9月30日（第1回回収日・中間決算日）

| （借）現　金　預　金 | 6,000 | （貸）リース投資資産 | 4,800 |
| | | （貸）受　取　利　息 | 1,200※ |

※ 1,200 ＝利息相当額の総額 12,000 ÷ 5年 ÷ 2

以後の各期も同様な処理を行う。

4 貸手の見積残存価額がある場合

(1) 基本となる会計処理

　リース期間の終了により，借手からリース物件の返還を受けた場合は，貸手は当該リース物件を見積残存価額でリース投資資産からその後の保有目的に応じて，貯蔵品又は固定資産等に振り替える。

　当該リース物件を処分した場合は，処分価額と帳簿価額との差額を処分損益に計上する。

　再リース期間を解約不能のリース期間に含めない場合の再リース料は，発生時の収益に計上し，リース投資資産から振り替えた固定資産については，再リース開始時点の見積再リース期間にわたり減価償却を行う（適用指針第57項，67項）。

(2) 設　例

〔設例14〕貸手の見積残存価額がある場合

基本情報	（解約不能の）リース期間	5年
	貸手の購入価額	50,000千円
	貸手の見積残存価額	4,000千円
	リース料総額	60,000千円
	所有権移転条項，割安購入選択権及び特別仕様	なし
	リース物件の経済的耐用年数	8年
	リース料は半年毎（各半期末）6,000千円の後払い		

回収予定表

(単位：千円)

回数	回収月	リース投資資産 A	リース料 B	受取利息 a=A×9.04%÷2	元本回収 b=B-a	リース投資資産 C=A-b	貸手の計算利子率の算出	
0	2019年4月1日	50,000	0	0	0	50,000	△50,000	=△A
1	2019年9月30日	50,000	6,000	2,260	3,740	46,260	6,000	=B
2	2020年3月31日	46,260	6,000	2,091	3,909	42,351	6,000	=B
3	2020年9月30日	42,351	6,000	1,914	4,086	38,265	6,000	=B
4	2021年3月31日	38,265	6,000	1,730	4,270	33,995	6,000	=B
5	2021年9月30日	33,995	6,000	1,537	4,463	29,532	6,000	=B
6	2022年3月31日	29,532	6,000	1,335	4,665	24,867	6,000	=B
7	2022年9月30日	24,867	6,000	1,124	4,876	19,991	6,000	=B
8	2023年3月31日	19,991	6,000	904	5,096	14,895	6,000	=B
9	2023年9月30日	14,895	6,000	673	5,327	9,568	6,000	=B
10	2024年3月31日	9,568	10,000	432	9,568	0	10,000	=B
			64,000	14,000	50,000		9.04%	=IRR(K63:K73)*2

表中の網掛けした数値は，以下の仕訳で使用する数値である。

① ファイナンス・リース取引かオペレーティング・リース取引かの判定

1) 現在価値基準による判定

貸手の計算利子率は次のような算式から，上記回収予定表の関数を用いて算出される。

$$\text{現在価値} = \frac{6,000}{(1 + r \times 1/2)} + \cdots + \frac{6,000 + 4,000}{(1 + r \times 1/2)^{10}} = 50,000 \text{ 千円}$$

$$r = 9.04\%$$

貸手の適用利率9.04%を用いてリース料総額を現在価値に割り引くと，

$$\frac{6,000}{(1 + 0.0904 \times 1/2)} + \cdots + \frac{6,000}{(1 + 0.0904 \times 1/2)^{10}} = 47,429 \text{ 千円}$$

となる。

現在価値47,429千円 ≧ 購入価額50,000千円 × 90%

2）経済的耐用年数による判定

> リース期間5年＜経済的耐用年数8年×75%

したがって，上記のうち，現在価値基準の要件を満たすため，ファイナンス・リース取引に該当する。

② 所有権移転か所有権移転外かの判定

所有権移転条項及び割安購入選択権がなく，特別仕様でもないため，所有権移転外ファイナンス・リース取引に該当する。

③ 会計処理

第1法　リース取引開始日に売上高と売上原価を計上する方法

2019年4月1日（リース取引開始日）

（借）リース投資資産	60,000	（貸）売　上　高	60,000
（借）売　上　原　価	50,000	（貸）買　掛　金	50,000
（借）リース投資資産	4,000	（貸）売　上　原　価	4,000

売上高はリース料総額，売上原価はリース物件の購入価額から見積残存価額を控除する。

2019年9月30日（第1回回収日・中間決算日）

| （借）現　金　預　金 | 6,000 | （貸）リース投資資産 | 6,000 |
| （借）繰延リース利益繰入(PL) | 11,740※ | （貸）繰延リース利益(BS) | 11,740 |

※ 11,740＝利息相当額の総額14,000－当半期に対応する利息相当額2,260

なお，繰延リース利益（BS）はリース投資資産と相殺表示する。

2020年3月31日（第2回回収日・決算日）

| （借）現　金　預　金 | 6,000 | （貸）リース投資資産 | 6,000 |
| （借）繰延リース利益(BS) | 2,091 | （貸）繰延リース利益繰入(PL) | 2,091 |

リース取引開始事業年度については，繰延リース利益繰入のマイナス，翌期

以降は繰延リース利益戻入益とする。

以後の各期も同様な処理を行う。

2024年3月31日（最終回の回収とリース物件の受領）

（借）現　金　預　金	6,000	（貸）リース投資資産	10,000
（借）繰延リース利益(BS)	432	（貸）繰延リース利益繰入(PL)	432
（借）貯　蔵　品	4,000		

　見積残存価額により，その後の保有目的に応じ，貯蔵品又は固定資産等に計上する。

第2法　リース料受取時に売上高と売上原価を計上する方法

2019年4月1日（リース取引開始日）

| （借）リース投資資産 | 50,000 | （貸）買　掛　金 | 50,000 |

2019年9月30日（第1回回収日・中間決算日）

| （借）現　金　預　金 | 6,000 | （貸）売　上　高 | 6,000 |
| （借）売　上　原　価 | 3,740 | （貸）リース投資資産 | 3,740 |

以後の各期も同様な処理を行う。

2024年3月31日（最終回の回収とリース物件の受領）

（借）現　金　預　金	6,000	（貸）売　上　高	6,000
（借）売　上　原　価	5,568	（貸）リース投資資産	9,568
（借）貯　蔵　品	4,000		

第3法　売上高を計上せずに利息相当額を各期へ配分する方法

2019年4月1日（リース取引開始日）

| （借）リース投資資産 | 50,000 | （貸）買　掛　金 | 50,000 |

2019年9月30日（第1回回収日・中間決算日）

| （借）現　金　預　金 | 6,000 | （貸）リース投資資産 | 3,740 |
| | | （貸）受　取　利　息 | 2,260 |

以後の各期も同様な処理を行う。

2024年3月31日（最終回の回収とリース物件の受領）

| （借）現　金　預　金 | 6,000 | （貸）リース投資資産 | 9,568 |
| （借）貯　蔵　品 | 4,000 | （貸）受　取　利　息 | 432 |

5 中途解約の処理

(1) 基本となる会計処理

　リース契約が中途解約された場合の規定損害金の処理について以下の方法により処理する（適用指針第58項及び第68項）。

　なお，リース契約の途中で，一旦これを解約し，新商品を対象とするリース契約を新たに締結し，旧契約の規定損害金を新契約のリース料に上乗せする場合も，以下の処理に従い，規定損害金は新契約のリース期間に按分せず，解約年度の収益となる。

① 第1法（リース取引開始日に売上高と売上原価を計上する方法）及び第3法（売上高を計上せずに利息相当額を各期へ配分する方法）を採用している場合

　当該規定損害金と中途解約時のリース投資資産残高（中途解約時点での見積残存価額控除後）との差額を収益として計上する。

② 第2法（リース料受取時に売上高と売上原価を計上する方法）を採用している場合

　当該規定損害金は売上高とし，中途解約時のリース投資資産残高（中途解約時点での見積残存価額控除後）を売上原価として計上する。

(2) 設 例

〔設例15〕中途解約

基本情報	(解約不能の) リース期間	5年
	貸手の購入価額	48,000千円
	リース料総額	60,000千円
	所有権移転条項，割安購入選択権及び特別仕様	なし
	リース物件の経済的耐用年数	8年
	規定損害金受取（2022年3月中途解約）	23,000千円
	リース料は半年毎（各半期末）6,000千円の後払い

回収予定表

（単位：千円）

回数	回収月	リース投資資産 A	リース料 B	受取利息 a=A×8.555%÷2	元本回収 b=B-a	リース投資資産 C=A-b	貸手の計算利子率の算出
0	2019年4月1日	48,000	0	0	0	48,000	△48,000 =△A
1	2019年9月30日	48,000	6,000	2,053	3,947	44,053	6,000 =B
2	2020年3月31日	44,053	6,000	1,884	4,116	39,937	6,000 =B
3	2020年9月30日	39,937	6,000	1,709	4,291	35,646	6,000 =B
4	2021年3月31日	35,646	6,000	1,525	4,475	31,171	6,000 =B
5	2021年9月30日	31,171	6,000	1,333	4,667	26,504	6,000 =B
6	2022年3月31日	26,504	6,000	1,134	4,866	21,638	6,000 =B
7	2022年9月30日	21,638	6,000	926	5,074	16,564	6,000 =B
8	2023年3月31日	16,564	6,000	708	5,292	11,272	6,000 =B
9	2023年9月30日	11,272	6,000	482	5,518	5,754	6,000 =B
10	2024年3月31日	5,754	6,000	246	5,754	0	6,000 =B
			60,000	12,000	48,000		8.555% =IRR(K82:K92)*2

表中の網掛けした数値は，以下の仕訳で使用する数値である。

(3) 会計処理

第1法 リース取引開始日に売上高と売上原価を計上する方法

2022年3月31日（リース料の受取日）

（借）現 金 預 金	6,000	（貸）リース投資資産	6,000
（借）繰延リース利益(BS)	1,134	（貸）繰延リース利益戻入益(PL)	1,134

2022年3月31日（規定損害金の受取日）

| （借）現 金 預 金 | 23,000 | （貸）リース投資資産 | 24,000[※1] |
| （借）繰延リース利益(BS) | 2,362[※2] | （貸）リース解約益 | 1,362 |

※1　24,000 ＝ 6,000 × 4
※2　2,362 ＝ 926 ＋ 708 ＋ 482 ＋ 246

第2法　リース料受取時に売上高と売上原価を計上する方法

2022年3月31日（リース料の受取日）

| （借）現 金 預 金 | 6,000 | （貸）売　上　高 | 6,000 |
| （借）売 上 原 価 | 4,866 | （貸）リース投資資産 | 4,866 |

2022年3月31日（規定損害金の受取日）

（借）現 金 預 金	23,000	（貸）売　上　高	23,000
（借）貯　蔵　品	21,638	（貸）リース投資資産	21,638
（借）売 上 原 価	21,638	（貸）貯　蔵　品	21,638

第3法　売上高を計上せずに利息相当額を各期へ配分する方法

2022年3月31日（リース料の受取日）

| （借）現 金 預 金 | 6,000 | （貸）リース投資資産 | 4,866 |
| | | （貸）受 取 利 息 | 1,134 |

2022年3月31日（規定損害金の受取日）

| （借）現 金 預 金 | 23,000 | （貸）リース投資資産 | 21,638 |
| | | （貸）リース解約益 | 1,362 |

6 借手又は第三者による残価保証のある場合

(1) 残価保証とは

　リース契約において，リース期間終了時にリース物件の処分価額が契約上取り決めた保証価額に満たない場合には，借手に対してその不足額を貸手に支払う義務が課せられることがあり，これを残価保証という。

(2) 会計処理

　リース契約上に残価保証の取決めがある場合には，残価保証額をリース料総額に含める。また，借手以外の第三者による保証がなされた場合も同様である（適用指針第52項及び第62項）。

(3) 設　　例

〔設例16〕残価保証

基本情報	（解約不能の）リース期間	5年
	貸手の購入価額	53,000千円
	リース料総額	65,000千円
	うち借手の残価保証額	5,000千円
	（リース期間終了後の処分価額）	2,000千円
	所有権移転条項，割安購入選択権及び特別仕様	なし
	リース物件の経済的耐用年数	6年
	リース料は半年毎（各半期末）6,000千円の前払い	

回収予定表

(単位：千円)

回数	回収月	リース投資資産 A	リース料 B	受取利息 a=A×8.853%÷2	元本回収 b=B-a	リース投資資産 C=A-b	貸手の計算利子率の算出	
0	2019年4月1日	53,000	6,000	0	6,000	47,000	△47,000	=△A+B
1	2019年9月30日	47,000	6,000	2,080	3,920	43,080	6,000	=B
2	2020年3月31日	43,080	6,000	1,907	4,093	38,987	6,000	=B
3	2020年9月30日	38,987	6,000	1,726	4,274	34,713	6,000	=B
4	2021年3月31日	34,713	6,000	1,537	4,463	30,250	6,000	=B
5	2021年9月30日	30,250	6,000	1,339	4,661	25,589	6,000	=B
6	2022年3月31日	25,589	6,000	1,133	4,867	20,721	6,000	=B
7	2022年9月30日	20,721	6,000	917	5,083	15,639	6,000	=B
8	2023年3月31日	15,639	6,000	692	5,308	10,331	6,000	=B
9	2023年9月30日	10,331	6,000	457	5,543	4,788	6,000	=B
10	2024年3月31日	4,788	5,000	212	4,788	0	5,000	=B
			65,000	12,000	53,000		8.853%	=IRR(K101:K111)*2

表中の網掛けした数値は，以下の仕訳で使用する数値である。

① ファイナンス・リース取引かオペレーティング・リース取引かの判定

1) 現在価値基準による判定

貸手の計算利子率は次のような算式から，上記回収予定表の関数を用いて算出される。

$$現在価値 = \frac{6,000}{(1+r \times 1/2)} + \cdots + \frac{5,000}{(1+r \times 1/2)^{10}} = 53,000\,千円$$

$$r = 8.853\%$$

貸手の適用利率 8.853% を用いてリース料総額（残価保証額含む）を現在価値に割り引くと 53,000 千円となる。

現在価値 53,000 千円 ≧ 購入価額 53,000 千円 × 90%

2) 経済的耐用年数による判定

リース期間 5 年 ≧ 経済的耐用年数 6 年 × 75%

したがって，この取引はファイナンス・リース取引に該当する。

② 所有権移転か所有権移転外かの判定

所有権移転条項及び割安購入選択権がなく，特別仕様でもないため，所有権移転外ファイナンス・リース取引に該当する。

③ 会計処理

第1法　リース取引開始日に売上高と売上原価を計上する方法

2019年4月1日（リース取引開始日・第1回回収日）

（借）リース投資資産	65,000	（貸）売　　上　　高	65,000
（借）売　上　原　価	53,000	（貸）買　　掛　　金	53,000
（借）現　　　　　金	6,000	（貸）リース投資資産	6,000

2019年9月30日（第2回回収日・中間決算日）

| （借）現　金　預　金 | 6,000 | （貸）リース投資資産 | 6,000 |
| （借）繰延リース利益繰入(PL) | 9,920 | （貸）繰延リース利益(BS) | 9,920※ |

※ 9,920 = 12,000 － 2,080

なお，繰延リース利益（BS）はリース投資資産と相殺表示する。

2020年3月31日（第3回回収日・決算日）

| （借）現　金　預　金 | 6,000 | （貸）リース投資資産 | 6,000 |
| （借）繰延リース利益(BS) | 1,907 | （貸）繰延リース利益繰入(PL) | 1,907 |

リース取引開始事業年度については，繰延リース利益繰入のマイナス，翌期以降は繰延リース利益戻入益とする。

以後の各期も同様な処理を行う。

2024年3月31日（リース期間終了時）

| （借）貯　　蔵　　品 | 5,000 | （貸）リース投資資産 | 5,000 |
| （借）繰延リース利益(BS) | 212 | （貸）繰延リース利益戻入益(PL) | 212 |

2024年3月31日（残価保証受取額及び物件処分額の確定時）

（借）売掛金（対借手）	3,000	（貸）貯　蔵　品	5,000
（借）売掛金（対処分業者）	2,000		

第2法　リース料受取時に売上高と売上原価を計上する方法

2019年4月1日（リース取引開始日・第1回回収日）

（借）リース投資資産	53,000	（貸）買　　掛　　金	53,000
（借）現　金　預　金	6,000	（貸）売　　上　　高	6,000
（借）売　上　原　価	6,000	（貸）リース投資資産	6,000

2019年9月30日（中間決算日・第2回回収日）

（借）現　金　預　金	6,000	（貸）売　　上　　高	6,000
（借）売　上　原　価	3,920	（貸）リース投資資産	3,920

　以後の各年度も同様の処理を行う。

2024年3月31日（リース期間終了時）

（借）貯　蔵　品	5,000	（貸）売　　上　　高	5,000
（借）売　上　原　価	4,788	（貸）リース投資資産	4,788

2024年3月31日（残価保証受取額及び物件処分額の確定時）

（借）売掛金（対借手）	3,000	（貸）貯　蔵　品	5,000
（借）売掛金（対処分業者）	2,000		

第3法　売上高を計上せずに利息相当額を各期へ配分する方法

2019年4月1日（リース取引開始日・第1回回収日）

| （借）リース投資資産 | 53,000 | （貸）買　　掛　　金 | 53,000 |
| （借）現　金　預　金 | 6,000 | （貸）リース投資資産 | 6,000 |

2019年9月30日（第2回回収日・中間決算日）

| （借）現　金　預　金 | 6,000 | （貸）リース投資資産 | 3,920 |
| | | （貸）受　取　利　息 | 2,080 |

以後の各期も同様な処理を行う。

2024年3月31日（リース期間終了時）

| （借）貯　　蔵　　品 | 5,000 | （貸）リース投資資産 | 4,788 |
| | | （貸）受　取　利　息 | 212 |

2024年3月31日（残価保証受取額及び物件処分額の確定時）

| （借）売掛金（対借手） | 3,000 | （貸）貯　　蔵　　品 | 5,000 |
| （借）売掛金（対処分業者） | 2,000 | | |

7　維持管理費用相当額の処理

(1)　維持管理費用相当額

　維持管理費用相当額とは，リース料に通常含まれるリース物件の維持管理に伴う固定資産税，保険料等の諸費用のことである。

(2)　会計処理

　原則として，リース料総額から控除する。この場合，維持管理費用相当額は，収益に計上するか，貸手の固定資産税，保険料等の実際の支払額の控除額として処理する。

　しかし，維持管理費用相当額がリース料に占める割合に重要性が乏しい場合には，これをリース料総額から控除しないことができる(適用指針第54項, 64項)。

(3)　設　例

〔設例17〕維持管理費用相当額の処理

基本情報	（解約不能の）リース期間	5年
	貸手の購入価額	48,000千円
	リース料総額	66,000千円
	うち維持管理費用分	6,000千円
	所有権移転条項，割安購入選択権及び特別仕様	なし
	リース物件の経済的耐用年数	8年
	リース料は半年毎（各半期末）6,600千円の後払い	
	貸手はリース料受取時に売上高と売上原価を計上する第2法を採用	

回収予定表

(単位:千円)

回数	回収月	リース投資資産 A	リース料 B	保守経費 a	受取利息 a=A×8.555%÷2	元本回収 b=B-a-b	リース投資資産 C=A-b	貸手の計算利子率の算出	
0	2019年4月1日	48,000	0	0	0	0	48,000	△48,000	=△A
1	2019年9月30日	48,000	6,600	600	2,053	3,947	44,053	6,000	=B-a
2	2020年3月31日	44,053	6,600	600	1,884	4,116	39,937	6,000	=B-a
3	2020年9月30日	39,937	6,600	600	1,709	4,291	35,646	6,000	=B-a
4	2021年3月31日	35,646	6,600	600	1,525	4,475	31,171	6,000	=B-a
5	2021年9月30日	31,171	6,600	600	1,333	4,667	26,504	6,000	=B-a
6	2022年3月31日	26,504	6,600	600	1,134	4,866	21,638	6,000	=B-a
7	2022年9月30日	21,638	6,600	600	926	5,074	16,564	6,000	=B-a
8	2023年3月31日	16,564	6,600	600	708	5,292	11,272	6,000	=B-a
9	2023年9月30日	11,272	6,600	600	482	5,518	5,754	6,000	=B-a
10	2024年3月31日	5,754	6,600	600	246	5,754	0	6,000	=B-a
			66,000	6,000	12,000	48,000		8.555%	=IRR(M120:M130)+2

表中の網掛けした数値は、以下の仕訳で使用する数値である。

① ファイナンス・リース取引かオペレーティング・リース取引かの判定

1)現在価値基準による判定

貸手の計算利子率は次のような算式から、上記回収予定表の関数を用いて算出される。

$$現在価値 = \frac{(6,600-600)}{(1+r \times 1/2)} + \cdots + \frac{(6,600-600)}{(1+r \times 1/2)^{10}} = 48,000 千円$$

$$r = 8.555\%$$

貸手の適用利率8.555%を用いてリース料総額(維持管理費除く)を現在価値に割り引くと48,000千円となる。

現在価値48,000千円≧購入価額48,000千円×90%

2)経済的耐用年数による判定

リース期間5年<経済的耐用年数8年×75%

したがって、上記のうち、現在価値基準の要件を満たすため、ファイナンス・リース取引に該当する。

② 所有権移転か所有権移転外かの判定

所有権移転条項及び割安購入選択権がなく，特別仕様でもないため，所有権移転外ファイナンス・リース取引に該当する。

③ 会計処理

維持管理費用相当額を収益に計上する方法

2019年4月1日（リース取引開始日）

| （借）リース投資資産 | 48,000 | （貸）買　掛　金 | 48,000 |

2019年9月30日（第1回収日・中間決算日）

（借）現　金　預　金	6,600	（貸）売　上　高	6,000
		（貸）売上高（維持管理費用分）	600
（借）売　上　原　価	3,947	（貸）リース投資資産	3,947

2020年3月31日（第2回収日・中間決算日）

（借）現　金　預　金	6,600	（貸）売　上　高	6,000
		（貸）売上高（維持管理費用分）	600
（借）売　上　原　価	4,116	（貸）リース投資資産	4,116

以後の各年度も同様の処理を行う。

2024年3月31日（最終回収日とリース物件の受領）

（借）現　金　預　金	6,600	（貸）売　上　高	6,000
		（貸）売上高（維持管理費用分）	600
（借）売　上　原　価	5,754	（貸）リース投資資産	5,754

維持管理費用相当額を実際支払額の控除額として処理する方法

維持管理費用の支払時に売上原価科目で処理した場合，上記仕訳のうち，売上高（維持管理費用分）を売上原価とする。その他は同一である。

8 通常の保守等の役務提供相当額の処理

(1) 会計処理

　リース料総額（受取リース料）に通常の保守等の役務提供相当額が含まれる場合，当該役務提供相当額については，維持管理費用相当額の処理に準じて会計処理を行う（適用指針第55項，65項）。

　すなわち，当該役務提供相当額は，原則としてリース料総額から控除し収益計上する（維持管理費用相当額を収益に計上する方法）が，その金額がリース料に占める割合に重要性が乏しい場合には，これをリース料総額から控除しないことができる。　　　　　　　　　　　　　　　　　　　☞158頁参照

9　貸手が製造業者又は卸売業者の場合

(1) 貸手が製造業者又は卸売業者の場合の留意事項

　製品又は商品を販売することを主たる事業としている企業が，同時に貸手として同一製品をリース取引の対象としている場合は，貸手における製作価額または現金購入価額と借手に対する現金販売価額に差が生じる。

　この差額を区分処理し販売益としてリース契約時に一括計上するか，区分処理せず利息相当額に含めてリース期間に配分するかという問題である。

図表Ⅳ－2　貸手が製造業者等の場合のマージン（差額）の処理方法

	差額の処理方法	期間
原則	販売基準	一括
	割賦基準	リース期間に配分
例外	利息相当額に含める	

(2) 会計処理

　原則，当該差額は販売益とし，販売基準又は割賦基準により処理する（適用指針第56項，66項，128項）。

　しかし，この原則処理は煩雑であり，この販売益に重要性がない場合は，区分処理を行わないことができる。

　また，当該販売益を原則的処理である割賦基準により処理する場合には，結果的に販売益がリース期間に配分され，利息相当額に含める場合と利益計上額に大きな差が生じないため，区分処理せず利息相当額に含めることができる。

PARTⅣ　貸手の処理

(3) 設　例

〔設例18〕 貸手が製造業者又は卸売業者の場合

基本情報	（解約不能の）リース期間	5年
	貸手の購入価額	46,800 千円
	借手に対する現金販売価額	48,000 千円
	リース料総額	60,000 千円
	所有権移転条項，割安購入選択権及び特別仕様	なし
	リース物件の経済的耐用年数	8年
	リース料は年毎（各期末）12,000千円の後払い	
	貸手はリース料受取時に売上高と売上原価を計上する第2法を採用	

回収予定表　　　　　　　　（単位：千円）

回数	回収月	リース投資資産 A	リース料 B	受取利息 a=A×7.931%	元本回収 b=B-a	リース投資資産 C=A-b	貸手の計算利子率の算出	
0	2019年4月1日	48,000	0	0	0	48,000	△48,000	=△A
1	2020年3月31日	48,000	12,000	3,807	8,193	39,807	12,000	=B
2	2021年3月31日	39,807	12,000	3,157	8,843	30,964	12,000	=B
3	2022年3月31日	30,964	12,000	2,456	9,544	21,420	12,000	=B
4	2023年3月31日	21,420	12,000	1,699	10,301	11,119	12,000	=B
5	2024年3月31日	11,119	12,000	881	11,119	0	12,000	=B
			60,000	12,000	48,000		7.931%	=IRR(K139:K144)

表中の網掛けした数値は，以下の仕訳で使用する数値である。

① ファイナンス・リース取引かオペレーティング・リース取引かの判定

1）現在価値基準による判定

　貸手の計算利子率は次のような算式から，上記回収予定表の関数を用いて算出される。

$$現在価値 = \frac{12,000}{(1+r)} + \cdots + \frac{12,000}{(1+r)^{10}} = 48,000 \text{千円}$$

$$r = 7.931\%$$

貸手の適用利率7.931％を用いてリース料総額を現在価値に割り引くと48,000千円となる。

> 現在価値48,000千円≧現金販売価額48,000千円×90％

2）経済的耐用年数による判定

> リース期間5年＜経済的耐用年数8年×75％

上記のうち，現在価値基準の要件を満たすため，ファイナンス・リース取引に該当する。

② 所有権移転か所有権移転外かの判定

所有権移転条項及び割安購入選択権がなく，特別仕様でもないため，所有権移転外ファイナンス・リース取引に該当する。

③ 会計処理

（原則法：販売基準）

2019年4月1日（リース取引開始日）

（借）リース投資資産	48,000	（貸）買　掛　金	46,800
		（貸）売　買　益	1,200

貸手のリース物件の現金購入価額46,800千円と借手に対する現金販売価額48,000千円の差額1,200千円をリース取引開始日に売買益として認識する。

2020年3月31日（第1回回収日・決算日）

（借）現　金　預　金	12,000	（貸）売　上　高	12,000
（借）売　上　原　価	8,193	（貸）リース投資資産	8,193

以後の各期も同様の処理を行う。

(原則法：割賦基準)

2019年4月1日（リース取引開始日）

| (借)リース投資資産 | 48,000 | (貸)買　掛　金 | 46,800 |
| | | (貸)繰延販売利益 | 1,200 |

　貸手のリース物件の現金購入価額46,800千円と借手に対する現金販売価額48,000千円の差額1,200を負債として繰り延べ，リース代金の回収の都度収益に振り替える。

2020年3月31日（第1回回収日・決算日）

(借)現　金　預　金	12,000	(貸)売　　上　　高	12,000
(借)売　上　原　価	8,193	(貸)リース投資資産	8,193
(借)繰延販売利益	240※	(貸)売　買　益	240

※ 240 ＝ 1,200 × 1/5（リース期間5年）

　以後の各期も同様の処理を行う。

（販売益に重要性がない場合，又は販売益を割賦基準で処理する場合の簡便法）

　販売益を利息相当額に含めるため，貸手の計算利子率は次のように計算される。

$$現在価値 = \frac{12,000}{(1+r)} + \cdots + \frac{12,000}{(1+r)^{10}} = 46,800千円$$

$$r = 8.898\%$$

2019年4月1日（リース取引開始日）

| （借）リース投資資産 | 46,800 | （貸）買　掛　金 | 46,800 |

2020年3月31日（第1回回収日・決算日）

| （借）現　金　預　金 | 12,000 | （貸）売　上　高 | 12,000 |
| （借）売　上　原　価 | 7,836 | （貸）リース投資資産 | 7,836 |

以後の各期も同様の処理を行う。

10 セール・アンド・リースバック取引

(1) セール・アンド・リースバック取引

　セール・アンド・リースバック取引とは，借手が所有する資産を貸手に売却し，貸手から当該資産のリースを受ける取引のことをいう。　☞ 18頁参照

図表Ⅳ-3　セール・アンド・リースバック取引の形態

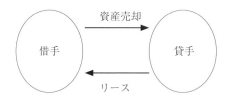

(2) 会計処理

　貸手におけるセール・アンド・リースバック取引の会計処理は，通常のリース取引と同様である（適用指針第70項）。ただし，ファイナンス・リース取引に該当するか否かの判定時における経済的耐用年数については，リースバック時におけるリース物件の性能，規格，陳腐化の状況等を考慮して見積もった経済的使用可能予測期間を用いるものとし，当該リース物件の借手の見積現金購入価額については借手の実際売却価額を用いるものとする（適用指針第69項）。

☞ 114頁参照

(3) 設　例

〔設例19〕セール・アンド・リースバック取引

基本情報	（解約不能の）リース期間	5年
	売却価額	170,000 千円
	リース料総額	203,845 千円
	所有権移転条項，割安購入選択権及び特別仕様	なし
	リースバック時以後の経済的耐用年数	5年
	リース料は年毎(各期首) 40,769千円の前払い	
	貸手はリース料受取時に売上高と売上原価を計上する第2法を採用	

回収予定表　　　　　（単位：千円）

	A	B	C	D	E	F	G	H	I	J	K	L	M
						リース投資資産					貸手の計算利子率の算出		
		回数	回収月		リース投資資産 A	リース料 B	回収内訳			リース投資資産 C=A-b			
							受取利息 a=A×8.898%	元本回収 b=B-a				
7		0	2019年4月1日		170,000	40,769	0	40,769	129,231		△129,231	=△A+B
8		1	2020年4月1日		129,231	40,769	12,923	27,846	101,385		40,769	=B
9		2	2021年4月1日		101,385	40,769	10,139	30,630	70,755		40,769	=B
10		3	2022年4月1日		70,755	40,769	7,076	33,693	37,062		40,769	=B
11		4	2023年4月1日		37,062	40,769	3,707	37,062	0		40,769	=B
12						203,845	33,845	170,000			10.0%	=IRR(K167:K171)

表中の網掛けした数値は，以下の仕訳で使用する数値である。

① ファイナンス・リース取引かオペレーティング・リース取引かの判定

1）現在価値基準による判定

貸手の計算利子率は次のような算式から，上記回収予定表の関数を用いて算出される。

$$現在価値 = 40,769 + \frac{40,769}{(1+r)} + \cdots + \frac{40,769}{(1+r)^4} = 170,000 \text{ 千円}$$

$$r = 10\%$$

貸手の適用利率10％を用いてリース料総額を現在価値に割り引くと，170,000千円となる。

現在価値170,000千円≧借手の実際売却価額170,000千円×90％

２）経済的耐用年数基準による判定

リース期間５年≧経済的耐用年数５年×75％

したがって，この取引はファイナンス・リース取引に該当する。

② 所有権移転か所有権移転外かの判定

所有権移転条項及び割安購入選択権がなく，特別仕様でもないため，所有権移転外ファイナンス・リース取引に該当する。

③ 会計処理

2019年４月１日（資産購入日・リース取引開始日・第１回回収日）

(借) リース投資資産	170,000	(貸) 現 金 預 金	170,000
(借) 現 金 預 金	40,769	(貸) 売 上 高	40,769
(借) 売 上 原 価	40,769	(貸) リース投資資産	40,769

2020年３月31日（決算日）

| (借) 売 掛 金 | 40,769 | (貸) 売 上 高 | 40,769 |
| (借) 売 上 原 価 | 27,846 | (貸) リース投資資産 | 27,846 |

2020年４月１日（第２回回収日）

| (借) 現 金 預 金 | 40,769 | (貸) 売 掛 金 | 40,769 |

以後の各年度も同様の処理を行う。

(4) 特別目的会社を活用したセール・アンド・リースバック取引

上記設例は所有権移転外ファイナンス・リース取引の場合であり，売買処理によって，譲渡人（もともとの資産所有者であり，現在もその資産の使用者）の貸借対照表にその物件が計上されつづけることになる。

一方，譲渡人が財務比率の向上を目的とする場合には，当該リース・バック取引は賃借処理であるオペレーティング・リース取引とし，オフバランスとされる。このとき，第三者（リース会社等）が組成する特別目的会社が一般的に活用される。

　このような譲渡人の会計処理を整備することを目的として，平成12年7月（平成26年11月改正）に日本公認会計士協会より，「特別目的会社を活用した不動産の流動化に係る譲渡人の会計処理に関する実務指針」及び平成17年9月（平成26年11月改正）に「特別目的会社を利用した取引に関する監査上の留意点についてのＱ＆Ａ」が公表されている（PART Ｖの5を参照）。　☞ 191頁参照

от
11 リース資産処分損失引当金

(1) リース資産処分損失引当金とは

　前述（PART Ⅳの2を参照）のとおり，平成5年に公表されたリース会計基準及び実務指針では，所有権移転外ファイナンス・リース取引において，賃貸借処理が例外的処理として許容されていた。　　　　　　　　　　☞ 137頁参照

　貸手がこの賃貸借処理を採用した場合，貸手は固定資産の部にリース資産を計上し，リース債権（リース投資資産勘定）を計上しないため，債権に対する貸倒引当金を設定することができなかった。

　一方，貸手が原則的処理である売買処理を採用した場合には，この債権に対する貸倒引当金を計上できる。したがって，借手の倒産等の同一のリスクに対し，賃貸借処理においても，リース資産処分損失引当金を設定して，実質的なバランスをとっていたのである。

(2) 貸手の会計処理は売買処理に統一

　適用指針では，貸手の会計処理は売買処理に統一され，リース資産処分損失引当金で対応していたリスクは，金融商品会計基準にある貸倒見積額の算定方法に従って計上される貸倒引当金で対応することとなった。

図表Ⅳ-3 リース取引の区分と会計処理及び引当金

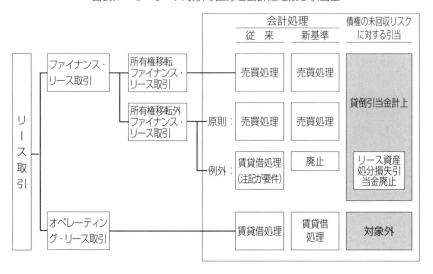

12 ファイナンス・リース取引に係る注記

(1) 重要な会計方針

貸手の行ったリース取引がファイナンス・リース取引と判定された場合には，貸手は重要な会計方針において，次のいずれの処理を採用したかを注記する（適用指針第72項）。

① リース取引開始日に売上高と売上原価を計上する方法
② リース料受取時に売上高と売上原価を計上する方法
③ 売上高を計上せずに利息相当額を各期へ配分する方法

注記例

	従来	新基準
リース取引の処理方法	リース物件の所有権が借主に移転すると認められるもの以外のファイナンス・リース取引については，通常の賃貸借取引に係る方法に準じた会計処理によっております。	ファイナンス・リース取引については，リース取引開始日に売上高と売上原価を計上する会計処理によっております。

(2) リース投資資産の注記

将来のリース料を収受する権利（以下「リース料債権」という。）部分及び見積残存価額（リース期間終了時に見積もられる残存価額で借手による保証のない額）部分の金額（各々利息相当額控除前）並びに受取利息相当額を注記する（会計基準第20項，45項）。

ただし，重要性が乏しい場合（PART Ⅳの14を参照）には，当該注記を要しない（適用指針第71項）。　　　　　　　　　　　　　　　☞ 177 頁参照

注記例

	2020年3月期	
	千円	
リース料債権部分	48,000	=6,000×8
見積残存価額部分	4,000	
受取利息相当額	△9,649	=14,000－(2,260+2,091)
合計：リース投資資産	42,351	

※「4　貸手の見積残存価額がある場合」(149頁参照)の設例より

(3) リース債権及びリース投資資産に係るリース料債権部分

　所有権移転ファイナンス・リースにおけるリース債権及び所有権移転外ファイナンス・リースにおけるリース投資資産に係るリース料債権（将来のリース料を収受する権利）部分について，貸借対照表日後5年以内における1年ごとの回収予定額及び5年超の回収予定額を注記する（会計基準第21項，45項）。ただし，重要性が乏しい場合（PART Ⅳの14を参照）には，当該注記を要しない（適用指針第71項）。

☞177頁参照

注記例

（単位：千円）

	2020年3月期	
1年以内	12,000	=6,000+6,000
1年超2年以内	12,000	=6,000+6,000
2年超3年以内	12,000	=6,000+6,000
3年超4年以内	12,000	=6,000+6,000
4年超5年以内	0	
5年超	0	
合計	48,000	

※「4　貸手の見積残存価額がある場合」(149頁参照)の設例より

13 オペレーティング・リース取引に係る会計処理及び注記

(1) 会計処理

従来基準と新基準で会計処理に変更はなく，通常取引に係る方法に準じて会計処理を行う（会計基準第15項）。

図表Ⅱ－1 リース取引の区分と会計処理

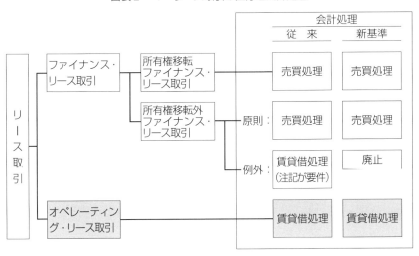

(2) 注　記

注記も基本的に従来基準と同じである。

解約不能のものに係る未経過リース料は，貸借対照表日後1年以内と1年超とに区分して注記する（適用指針第74項）。

① 貸借対照表日後1年以内のリース期間に係る未経過リース料

② 貸借対照表日後1年を超えるリース期間に係る未経過リース料

ただし，重要性が乏しい場合には，当該注記を要しない（会計基準第22項，適用指針第75項）。

この解約不能には，法形式上解約可能であっても，解約に際して相当の違約金を支払わなければならない等の理由から事実上解約不能と認められるものを含んでいる（適用指針第6項）。

注記例

	1年以内	1年超	合計
未経過リース料	×××	×××	×××

14 重要性の判断基準

(1) リース資産総額に重要性がないと認められる場合

リース取引を主たる事業としている企業は,以下の簡便な取扱いは適用できない(適用指針第60項)。

その他の企業は,以下の算式を満たす場合,利息相当額の総額を利息法(PART Ⅳの2を参照)によらず,各期に定額で配分する方法(所有権移転外ファイナンス・リース取引の会計処理(簡便法)PART Ⅳの3参照)を選択することができる(適用指針第59項,129項)。　☞ 142頁参照

$$\frac{未経過リース料及び見積残存価額の合計額の期末残高}{未経過リース料及び見積残存価額の合計額の期末残高 + 営業債権の期末残高} < 10\%$$

なお,連結財務諸表においては,上記の判定を連結財務諸表の数値(原則として連結会社間における債権債務及び資産に含まれる未実現損益控除後の金額)を基礎として見直すことができる。

(2) ファイナンス・リース取引の注記を一部要しない場合

(1)の算式を満たす場合は,(PART Ⅳの12を参照)の注記が省略できる(会計基準第21項,適用指針第71項)。　☞ 173頁参照

(3) ファイナンス・リース取引における少額リース資産及び短期のリース資産

借手はリース契約1件当たり300万円以下又はリース期間が1年以内の所有権移転外ファイナンス・リース取引を売買処理ではなく,賃貸借処理すること

ができる。　　　　　　　　　　　　　　　　　　☞ 118 頁参照

　しかし，貸手には，借手において認められているこの重要性の判断基準はない。

　その理由は，売買処理の事務処理の煩雑さは，特に借手において顕著であり，貸手の大手リース会社は契約・会計システムが整備されており，その事務処理の煩雑さは特に問題とならないから，と考えられる。

(4) オペレーティング・リース取引に係る注記

　次のいずれかに該当する場合，オペレーティング・リース取引に係る注記（PART Ⅳの 13 を参照）を省略できる（適用指針第 75 項）。　☞ 175 頁参照

① 購入時に費用処理する方法が採用されている場合で，リース料総額が減価償却資産の処理について企業が採用している基準額以下のリース取引
② リース期間が 1 年以内のリース取引
③ 契約上数ヶ月程度の事前予告により解約可能なリース契約で，事前予告日から解約日までのリース料
④ リース契約 1 件当たり 300 万円以下のリース取引

PART V

特殊リースとその他の論点

1　戦略経営とリース会計基準

(1)　資源戦略論と会計基準

　戦略経営においては，どのマーケットにいかなる製品／サービスを投入するかを定義する製品／市場戦略が策定されると，この製品／市場戦略をいかに有効に戦うかを定義する機能戦略が策定される。次に，ヒト，モノ，カネ，情報という経営資源の調達，配合，構造化，運用に係る計画すなわち経営計画が樹立され，戦略が実行される。

　還元すれば，戦略の実行過程では資源戦略が具体的に実行され，この資源戦略の実行過程における経営資源の調達，配合と消費，運用加工過程すなわち経営の実態を一定のルールで写像するのが会計という行為であるとされている。

　本書のテーマに即して考察すれば，リース取引はリース資産という物的資源の調達と消費及び運用に関連するが，このほかソフトウエア資産のような情報資源にも関連すると同時に財務的資源すなわち金融商品にも関連する。このように考えれば，物的資源会計関連では従来の固定資産会計に加えて減損会計基準が適用対象となるであろう。また，ソフトウエア資産については研究開発費会計基準がさらに金融商品には金融商品会計基準が適用される。

(2)　戦略経営とリース取引

　資源戦略論の観点から言えば，戦略経営においてリース取引が活用されるのは，物的資源や情報資源である有形，無形の固定資産を迅速かつ容易に調達し，各企業の生産，販売過程に投入することができるからである。

　リース取引にはもう1つ利点がある。仮に，同じ機能を有していても購入によって調達すれば固定資産を貸借対照表上計上し，割賦手形や借入金によって

調達すればさらに負債も計上しなければならないが，すでに考察したようにリース取引によって調達し，会計処理上賃貸借処理できるのであれば，企業は資産，負債を圧縮でき，総資産利益率をよく見せることが可能となる。すなわち，財務内容を改善できるのである。

戦略経営におけるリース取引の意義を理解した上で，まず，企業はリース契約を締結する前にいかなる検討を行うか考察してみよう。

① 調達対象資産又は資産流動化によるオフ・バランス化が可能な資産を確定する。
② リース取引によるオフ・バランス化が可能かどうかを検討する。
③ オフ・バランス化が可能な場合いかなる会計基準を適用されるのか研究する。
④ オン・バランスが必要であっても，競争に勝つために必要不可欠で借入金や割賦手形によるより調達手続の簡素化や迅速化が可能であればリース契約によって調達する。
⑤ オン・バランスされたリース取引には，いかなる会計基準が適用されるか考察する。

(3) リース取引に関する会計基準と関連する会計基準

これまでの解説から，リース取引に関する会計基準による会計処理は，図表Ⅴ－1のようにまとめられる。

この会計処理に関連して，リース取引に関する会計基準に関連する会計基準を図表Ⅴ－1に併記しておいた。

PART V 特殊リースとその他の論点

図表Ⅴ-1 リース取引会社基準に関する会社基準

		借　　手	貸　　手
売買処理	会計処理	リース資産（固定資産）とリース債務（金融負債）を計上	リース債権（金融資産）計上
売買処理	関連会計基準	減損会計基準 金融商品会計基準 研究開発費会計基準 外貨建取引等会計処理基準	金融商品会計基準 外貨建取引等会計処理基準
賃貸借処理	会計処理	リース資産とリース債務はオフ・バランスにする。	リース資産（固定資産）計上
賃貸借処理	関連会計基準	外貨建取引等会計処理基準	減損会計基準 研究開発費会計基準 外貨建取引等会計処理基準

(4) 本章の構成

本章の構成を上記一覧表に関連付けて示せば，図表Ⅴ-2のようになる。

図表Ⅴ-2　本章の構成

	借　手		貸　手	
	売買処理	賃貸借処理	売買処理	賃貸借処理
従来の固定資産会計	PARTⅤ 3			PARTⅤ 3
減損会計基準	PARTⅤ 2			PARTⅤ 2
研究開発費会計基準	PARTⅤ 6			PARTⅤ 6
金融商品会計基準	PARTⅤ 8		PARTⅤ 7 PARTⅤ 8 PARTⅤ 10	
外貨建取引等会計処理基準	PARTⅤ 11			PARTⅤ 11

PARTⅤの2以降においては，特殊なリース取引の局面や租税法，海外基準との相違を解説する。これらは，リース会計に関する基本的会計処理のほかに実務上留意しておくべき重要論点を理解し，さらに深いご研究の方向性を探索するための参考資料となるであろう。

183

2　リース取引と減損会計基準

(1)　減損会計
① 意　義

　事業用固定資産の収益性が当初の予想よりも低下し，資産の回収可能性を帳簿価額に反映させなければならない場合に，過大な帳簿価額を減額し，将来に損失を繰り延べないために行われる会計処理である（固定資産の減損に係る会計基準の設定に関する意見書三−1）。

② 減損の定義

　固定資産の減損とは，資産の収益性の低下により投資額の回収が見込めなくなった状態をいう（固定資産の減損に係る会計基準の設定に関する意見書三−3）。

③ 減損処理

　減損の状態になった場合に，一定の条件の下に回収可能性を反映させるように帳簿価額を減額させる会計処理であり，取得原価基準の下で行われる帳簿価額の臨時的な減額である（固定資産の減損に係る会計基準の設定に関する意見書三−1，3）。

(2)　リース会計と減損会計の関係

　図表V−1を本節の目的に即して，より簡素化すると図表V−3のようになる。なお，図表V−3はリース取引に関する原則的処理を想定している。

　ファイナンス・リース取引と判定された場合，原則的には売買処理される。この場合，図表V−1のように借手はリース資産を計上するから減損会計の適用対象となるが，貸手はリース債権を計上するから，減損会計でなく金融商品会計基準が適用される。

オペレーティング・リース取引と判定された場合には、賃貸借処理が行われる。この場合、貸手は、リース資産を固定資産として計上するから、減損会計の対象となるが、借手には減損会計は適用されないことに留意されたい。

図表V-3　リース会計と減損会計の関係

	借　　　手	貸　　　手
売買処理（ファイナンス・リース取引）	減損会計適用	減損会計不適用（注）
賃貸借処理（オペレーティング・リース取引）	減損会計不適用	減損会計適用

（注）金融商品会計基準を適用

(3) 借手の減損処理

売買処理を行っている場合、リース資産は固定資産に計上されるから減損会計が適用される。減損損失の認識と測定は次のように行う（固定資産の減損に係る会計基準二, 三）。

ⅰ）現存の兆候の判断
ⅱ）減損損失の認識

この判定及び使用価値の算定に用いられるに当たって用いられる将来キャッシュ・フローと割引率の選定が行われる。

ⅲ）減損損失の測定
ⅳ）減損処理後

減価償却を、計画的、規則的に行う。さらに、減損損失の戻し入れは行わない。

(4) 貸手の減損処理

賃貸借処理を行っている場合に、減損会計基準の本則が適用される。

(5) 減損会計基準改訂

上記減損会計基準は、今回のリース取引に関する会計基準改訂前の、所有権

移転外ファイナンス・リース取引にかかる例外処理を前提として，定められており，今回のリース取引に関する会計基準改訂に伴い，所有権移転外ファイナンス・リース取引は原則的には売買処理されることとなったため，減損会計基準も改訂が必要となるであろう。

企業会計基準委員会は，次のように予定作業を公表している。

『当委員会が公表した他の会計基準等の修正

本会計基準等の公表に伴い修正が必要となる当委員会公表の他の会計基準等には，企業会計基準適用指針第6号「固定資産の減損に係る会計基準の適用指針」がありますが，当該適用指針については，今回の改正とは別に検討し改正することを予定しています。』

この改訂作業が完了すれば，本節の解説内容も変化するであろうことに留意されたい。

【コーヒーブレーク】

2002年8月に公表された「固定資産の減損に係る会計基準 同注解」においては，ファイナンス・リース取引で，借手側が賃貸借取引に係る方法に準じて会計処理を行っている場合も，減損会計を適用すべきとして，具体的な処理方法が規定されている（固定資産の減損に係る会計基準注解12）。これは，所有権移転外ファイナンス・リース取引について賃貸借処理の採用が認められていた旧基準を前提としたもので，賃貸借処理を採用した場合と売買処理を採用した場合の，減損会計における不均衡をなくすことが目的であった。しかしながら，現行の基準では，所有権移転外ファイナンス・リース取引においても，例外なく売買取引に準じて会計処理を行うこととなっている。よって，この取扱いは，リース取引開始日が会計基準適用初年度開始前のリース取引で，しかも所有権移転外ファイナンス・リース取引と判定されたもののうち，適用指針第79項に基づき，引き続き賃貸借処理を行っている場合以外は不要となっている。

3 リース物件の修繕費及び改良費の処理

　リース物件にかかる固定資産会計は，減損会計基準制定以前から我が国で採用されてきた固定資産会計を適用すべきである。この固定資産会計を確認すれば次の通りである。

(1) 資本的支出
　修繕や改良を行った結果，資産の機能や性能が向上したり，耐用年数が増加する場合，このような経済効果が発生する修繕費や改良費を資本的支出という。この資本的支出は，借手の固定資産の取得原価に追加計上する。

(2) 減価償却
　資本的支出により残存耐用年数が延長されるが，この場合残存耐用年数を合理的に見積もり，減価償却を行う。なお，償却計算上の耐用年数を変更しなくても資本的支出前の法定耐用年数に見合う減価償却率を用いても，耐用年数は結果的に自動延長される。

(3) 収益的支出
　固定資産にかかる支出でも，耐用年数の延長や機能の向上という経済効果を持たない支出を収益的支出という。この収益的支出については，支出期の費用として処理される。

(4) 中途解約による返還

① 返　　　還

未償却残高を固定資産除却損等として損失処理する。

② 規定損害金

解約会計年度の費用として単年度処理する。

4 不動産リース

(1) 不動産に係るリース取引の判定

　土地，建物等の不動産のリース取引（契約上，賃貸借となっているものも含む。）についても，ファイナンス・リース取引に該当するか，オペレーティング・リース取引に該当するかを判定する（適用指針第19項）。

(2) 土地リース取引

　土地については，所有権の移転条項又は割安購入選択権の条項がある場合を除き，オペレーティング・リース取引に該当するものと推定する（適用指針第19項）。

　これは，土地の経済的耐用年数は無限であるため，所有権の移転条項又は割安購入選択権の条項がある場合のいずれかに該当する場合を除いては，通常，フルペイアウトのリース取引に該当しないと考えられるからである（適用指針第98項）。

(3) 土地・建物等一括リース取引

　土地と建物等を一括したリース取引（契約上，建物賃貸借契約とされているものも含む。）は，原則として，リース料総額を合理的な方法で土地に係る部分と建物等に係る部分に分割した上で，現在価値基準の判定を行う（適用指針第20項）。

　土地と建物等を一括したリース取引は，土地が無限の経済的耐用年数を有し建物等と異なる性格を有するため，一括してファイナンス・リースかオペレーティング・リースかの判定はできない。このため，リース取引の判別を行う際には，リース料総額を合理的な方法で土地に係る部分と建物等に係る部分に分

割した上で，現在価値基準の判定を行う（適用指針第99項）。

リース料総額を土地に係る部分と建物等に係る部分に合理的に分割する方法としては以下の原則的処理と簡便法が考えられる（適用指針第99項，100項）。このうち最も実態に合った方法を採用する。

① 原則的処理

　A　実際賃借料控除法

賃貸借契約書等で，適切な土地の賃借料が明示されている場合には，全体のリース料総額から土地の賃借料を差し引いた額を，建物等のリース料総額とする。

　B　見積賃借料控除法

全体のリース料総額から土地の見積賃借料を差し引いた額を，建物等のリース料総額とみなす。見積賃借料には，近隣の水準などを用いることが考えられる。

　C　追加借入利子率活用法

全体のリース料総額から土地の時価に借手の追加借入利子率を乗じた額を差し引いた額を，建物等のリース料総額とみなす（借手の場合）。

　D　時価按分法

土地の借地部分の時価と建物等の時価を見積もり，両者の比で全体のリース料総額を両者に配分する。

② 簡　便　法

上記①のAのように適切な土地の賃借料が契約書で明示されているなどの場合を除いては，リース料に含まれている土地の賃借料相当額の算出は容易ではないことが想定される。したがって，土地の賃借料が容易に判別可能でない場合は，両者を区分せずに現在価値基準の判定を行うことができる。土地の賃借料が容易に判別可能でない場合は，両者を区分せずに現在価値基準の判定を行うことができる。

ただし，ファイナンス・リース取引に該当するか否かが売却損益の算出に影響を与えるセール・アンド・リースバック取引を除く。

PART V 特殊リースとその他の論点

5 不動産流動化とセール・アンド・リースバック取引

(1) 不動産流動化の意義・目的・手法

① 意　義

不動産流動化とは，不動産を第三者に譲渡し，当該不動産を資金化することである。

② 目　的

不動産流動化の目的は，資金調達と資産・負債の削減による貸借対照表の簡素化である。

③ 代表的手法

不動産流動化を行っても，経営目的遂行上必要不可欠な不動産については，セール・アンド・リースバック取引（PART I－5，18頁参照）を活用して，譲渡人が譲渡不動産を継続使用するケースがある。

代表的には，特定目的会社が活用される。ここに特定目的会社とは，資産の流動化に関する法律第2条第3項に規定する特定目的会社及び事業内容の変更が制限されているこれと同様の事業を営む事業体をいう（日本公認会計士協会会計制度委員会報告第15号，「特定目的会社を活用した不動産の流動化に係る譲渡人の会計処理に関する実務指針」第2項）。

(2) 売却処理の考え方

売却，すなわち保有不動産を売却し，貸借対照表上不動産という資産の消滅を認識する要件については，「金融商品会計基準」が参考となる。

「金融商品会計基準」第57項において，金融資産の譲渡における消滅の認識の考え方として次の2つを解説している。

① リスク・経済アプローチ

金融資産のリスクと経済価値のほとんどすべてが他に移転した場合に当該金融資産の消滅を認識する。

この考え方は，金融資産のリスクと経済価値すなわち将来キャッシュ・フローの流入，回収コスト，貸倒リスクその他を一体のものと考え，金融資産をすべて売却されるかすべて留保されるか分解不可能な単位と考える。この考え方では，オフ・バランスの要件としては，リスクと経済価値の移転の判断が求められる（大塚，1999，P26）。

② 財務構成要素アプローチ

金融資産を構成する財務的要素に対する支配が他に移転した場合に当該移転した財務構成要素の消滅を認識し，留保される財務構成要素の存続を認識する。

このアプローチは，金融資産のリスクと経済価値は分解可能と考え，金融資産を分解可能な財務構成要素からなると考えるから，オフ・バランスの要件は，財務構成要素ごとに移転の判断をする（大塚，1999，P27）。

(3) 特定目的会社を活用した不動産の流動化に関する会計処理

金融資産の譲渡に関する消滅の考え方は，「金融商品会計基準」によれば，上記(2)の②の財務構成要素アプローチを提供することになっている（「金融商品に係る会計基準」第57項，58項）。

これに対し，不動産の流動化については，

① 不動産に係る権利の譲渡であること
② リスクと経済価値が不動産の所有と一体化していること
③ 金融商品に比べ時価の算定が容易でなく流通性も劣る等

の特徴を考慮して，リスク・経済価値アプローチに基づき，判断することとされている（日本公認会計士協会会計制度委員会報告第15号，「特定目的会社を活用した不動産の流動化に係る譲渡人の会計処理に関する実務指針」第3項，27項）。

すなわち，売却と認識され，オフ・バランス処理できる条件は，次の4つで

ある（日本公認会計士協会会計制度委員会報告第15号，「特定目的会社を活用した不動産の流動化に係る譲渡人の会計処理に関する実務指針」第3項，5項）。これらの条件が認められれば，売却処理され，この条件を充足しなければ，金融取引とされる。

① 不動産が法的に譲渡されていること
② 資金が譲渡人に流入していること
③ 不動産の譲渡価額が適正であること
④ 譲渡不動産に係るリスクと経済価値のほとんどすべてが，他人に移転していることである

(4) セール・アンド・リースバック取引による不動産流動化の条件

日本公認会計士協会は，不動産の譲渡後に譲渡人が当該不動産に「継続的に関与」している場合は，リスクと経済価値が他のものに移転していない可能性があるとし，具体例の1つとして，譲渡人がセール・アンド・リースバック取引により，継続的に譲渡不動産を使用している場合を例示している（日本公認会計士協会会計制度委員会報告第15号，「特定目的会社を活用した不動産の流動化に係る譲渡人の会計処理に関する実務指針」第7項）。

これに対し，不動産の流動化がセール・アンド・リースバック取引であっても，次の2つの条件が整えば，リスクと経済価値が他のものに移転していると認められる（同上実務指針第11項）。

① 当該リースバック取引がオペレーティング・リース取引であること
② 譲渡人が適正な賃借料を支払うこと

オペレーティング・リース取引であれば，定義から契約解除も可能であるからリスクと経済価値のほとんどすべてが他のものに移転していると判断され，売買処理が認められる。

リースバック取引がファイナンス・リース取引と識別されたなら，リスクと経済価値のほとんどすべてが他のものに移転しているとは認められないから，

売買処理はできず，金融取引として処理され，流入資金に対する相手勘定の負債は，借入金等として処理される。

6　ソフトウェア・リース

(1) ソフトウェアと環境変化

　特許権，商標権等の法律上の権利やソフトウェアは，一般に知的財産と呼ばれ，会計学上は無形固定資産とされる。可視的な資産でなく無形であるため，有形固定資産のようにリース物件としての把握が困難とされてきた。

　情報化社会の進展とともに，現代経営における競争力の源泉の1つとしてのソフトウェアの重要性がますます認識されるようになった。このソフトウェアの調達手段として，ソフトウェアリースがファイナンスの一手法として利用されるようになった。このため，(社) リース事業協会は「プログラムリース標準契約書」(昭和58年) を作成した。

　また，平成10年3月には企業会計審議会から「研究開発費等に係る会計基準」が公表され，ソフトウェアは，会計上，無形固定資産として取り扱うこととなった。税務上も平成12年度の税制改正で，「減価償却資産としての無形固定資産」として位置付けられた。

　さらに，平成14年7月，政府は「知的財産戦略大綱」を取り纏め，「知的財産立国」の実現を目標とする改革に着手した。具体的な行動計画は，知的財産の創造・保護・活用と人的基盤の充実とされている。

　このような環境変化を考えれば，今後ますますソフトウェア・リースが活用されるようにあるであろう。

(2) ソフトウェア・リースの特徴

　ソフトウェアは無形固定資産であり，通常のリース取引やリース資産と異なる特徴がある。ソフトウェア・リースの特徴は

195

① リースの対象はソフトウェアに設定された使用権である。
② ソフトウェアに係るリース取引は，貸手が制作者等から取得した使用権を借手に再許諾する契約となる。
③ ソフトウェア制作者の権利は著作権で保護されているため，事前に制作者と貸手との間でソフトウェアに関する権利関係を取り決めておく必要性がある。

(3) 会計処理

ソフトウェアに関するリース取引も通常のリース取引と同様，リース会計基準に準拠して会計処理をする。すなわち，リース取引がファイナンス・リースかオペレーティング・リースかの判定をするとともに，ファイナンス・リースと判定された場合には，所有権移転の判定を行う。

今回の基準改訂に伴い，解約不能とフルペイアウトの要件のみ具備していれば，ファイナンス・リース取引と判断され，原則的に売買処理される。すなわち当該ソフトウェアは無形固定資産として，資産計上され，減価償却が行われる。

オペレーティング・リース取引と判定されれば，賃貸借処理がなされる。

(4) 会計基準と租税法

所有権移転の判定のうち，「特定（特別仕様）物件リース」（専属的使用）に関しては租税法と異なる扱いになる場合があるため慎重な判断が必要となる。

税務上も専属的使用に関する規定がある（旧法人税法施行令第136条の3第1項第3号，法人税基本通達第5章）が，税務上は賃貸借処理が認められる場合でも，会計上は専属的使用の要件に該当し，所有権移転ファイナンス・リース取引として売買処理を要する場合があることに注意が必要である。また，所有権移転外ファイナンス・リース取引と判定されても，会計上は売買処理されるから，租税法とは処理が異なる。

7　債権流動化の会計処理

(1)　リース債権の流動化

　リース会社は，保有リース債権の売却によって，現預金を受け取る。この資金調達方法をリース債権の流動化という。

　リース債権の流動化は，次の方法によって実行される。

　① 債権譲渡契約

　リース債権のみを譲受人に売却する。

　② 貸主地位譲渡契約

　貸主としての地位を譲受人に譲渡する。

　リース債権の流動化に類似した取引として，転リース契約，すなわち別の第三者に転貸する契約（サブリース契約）による，資産のオフバランス化が行われるのもある。転リースについては，次節で解説する。

(2)　債権流動化に伴う借手の会計処理

　現状でのリース債権流動化実務では，債権譲渡はサイレント方式（債務者への個別通知をしない方式）により，債権譲渡後も代金回収業務を行うから，借手は別段の会計処理をする必要はない。

(3)　債権流動化に伴う貸手の会計処理

　① 売買処理の場合

　ファイナンス・リースの場合，原則的には売買処理される。このため，貸借対照表上，リース債権が計上され（図表Ⅴ-1参照），このリース債権は金融資産に該当するから，債権流動化に伴うリース債権の消滅（オフ・バランス化）に

ついては，金融商品会計基準に準拠して処理する。

債権流動化が，債権の売却と認められれば，金融資産発生の認識は中断されるから，金融資産消滅の認識が行われる。

すでに解説したように，金融資産消滅の認識は，財務構成要素アプローチによることとされており，金融資産消滅の認識要件は，次のとおりである（「金融商品会計基準」第8項）。

(i) 契約上の権利行使時
(ii) 契約上の権利喪失時
(iii) 契約上の権利に対する支配の移転時

リース債権の流動化に関して問題となるのは，上記(iii)の支配移転要件である。契約上の権利に対する支配の移転があったと認識されれば，リース資産の売却，すなわちオフ・バランス化が認められる。金融商品会計基準はこの支配移転要件につき，次のすべての要件が満足されている場合には，金融資産に対する支配が他に移転していると定めている（「金融商品会計基準」第9項）。

(i) 譲渡された金融資産に対する譲受人の契約上の権利が譲渡人及びその債権者から法的に保全されていること
(ii) 譲受人が譲渡された金融資産の契約上の権利を直接又は間接に通常の方法で享受できること
(iii) 譲渡人が譲渡した金融資産を当該金融資産の満期日前に買い戻す権利及び義務を実質的に有していないこと

これに対し，債権流動化が債権の売却と認められない場合，資金調達行為としての金融取引とみなされる。

② 賃貸借処理の場合

賃貸借処理の場合，リース資産は固定資産として計上される（図表Ⅴ-1）。リース債権は財務諸表上計上されないから，金融商品会計基準の適用対象外である。このため，リース債権流動化取引は，資金調達行為とみなし金融取引として処理することとなろう。

以上，貸手の会計処理を整理すれば，図表Ⅴ-4のようになる。

PART V 特殊リースとその他の論点

図表V-4 リース取引とリース債権流動化取引の会計処理と金融商品会計基準

		リース債権流動化取引	
		売買処理	金融処理
リース取引	売買処理	金融商品会計基準適用	金融商品会計基準適用
	賃貸借処理	売買処理不能	金融商品会計基準適用対象外

8　転リース取引

(1) 概　　要

① 意　　義

　転リース取引とは，リース物件の所有者から当該物件のリースを受け，さらに同一物件を概ね同一の条件で第三者にリースする取引をいう（適用指針第47項）。

② 会 計 処 理

　借手としてのリース取引及び貸手としてのリース取引の双方がファイナンス・リース取引に該当する場合，貸借対照表上はリース債権又はリース投資資産とリース債務の双方を計上する。支払利息，売上高，売上原価等は計上せずに，貸手として受け取るリース料総額と借手として支払うリース料総額の差額を手数料収入として各期に配分し，転リース差益等の名称で損益計算書に計上する。

　リース債権又はリース投資資産とリース債務は利息相当額控除後の金額で計上することを原則とするが，利息相当額控除前の金額で計上することもできる（適用指針第47項）。

③ 注　　記

　適用指針第47項なお書きによりリース債権又はリース投資資産とリース債務を利息相当額控除前の金額で計上する場合は，貸借対照表に含まれる当該リース債権又はリース投資資産とリース債務の金額を注記する（適用指針第73項）。

PART Ⅴ　特殊リースとその他の論点

図表Ⅴ-5　転リース

(2) 設　　例

〔設例20〕転リース取引

基本情報	条件は【設例5・96頁の基本情報】と同じ
追加情報	借手は以下の条件で転貸した。
	転貸のリース料総額　130,000千円
	リース料は1年毎（各期末）13,000千円の後払い，全10回払い
	貸手側と借手側のリース料の差額　　手数料として扱う。
	利息相当額の各期への配分は利息法よっている。

① 仕　　訳

このスケジュールを参考に仕訳を作成すると以下のとおりとなる。なお，仕訳の数値については，PARTⅢの図表Ⅲ-11を参照されたい。　　☞122頁参照

ⅰ）リース取引開始時（×1年4月1日）の仕訳

(借)リース投資資産	100,000	(貸)リ ー ス 債 務	100,000

ⅱ）第1回リース料の転貸し先からの回収時

(借)現 金 預 金	13,000	(貸)リース投資資産	8,540[注1]
		(貸)預　り　金	3,460[注1][注2]
		(貸)転 リ ー ス 差 益	1,000

(注1) リース投資資産の減少額，預り金の計上額は，図表Ⅲ-11を参照。
(注2) 転リースについては，手数料収入以外の利益は生じないため，利息相当額は預り金として処理する。

ⅲ）第1回リース料の貸手への支払時

(借)リース債務	8,540	(貸)現金預金	12,000
(借)支払利息	3,460		

ⅳ）第2回リース料の転貸し先からの回収時

(借)現金預金	13,000	(貸)リース投資資産	8,835
		(貸)預り金	3,165
		(貸)転リース差益	1,000

ⅴ）第1回リース料の転借り先への支払時

(借)リース債務	8,835	(貸)現金預金	12,000
(借)支払利息	3,165		

以後も同様の処理を繰り返す

　なお，ⅰ）において，リース投資資産とリース債務を利息相当額控除前の金額（120,000千円）で計上することもできる（適用指針第47項なお書き）。この場合，ⅱ）の第1回リース料の転貸し先からの回収時及び，ⅲ）の第1回リース料の貸手への支払時において，預り金部分（3,460千円）を，それぞれリース投資資産の回収及びリース債務も返済として処理する。

9　レバレッジド・リース

　レバレッジド・リースの概要については，PARTⅠで理解した。本節では，より具体的に，レバレッジド・リースの仕組みを理解しておきたい。

☞20頁参照

　レバレッジド・リースの法的形態には匿名組合方式と任意組合方式がある。

(1)　匿名組合方式

①　匿名組合の定義

　匿名組合とは，特定の営業者に投資家が出資して，営業者がその出資をもとに営業を行い，その営業から生ずる利益を投資家に分配する商法上の契約をいう（商法第535条～）。

②　匿名組合の仕組み

　匿名組合方式によるレバレッジド・リースの仕組みは，図表Ⅴ－6に示すとおりである。

　具体的には，次のような仕組みとなっている。

①　リース会社が100％出資の子会社を設立する。
②　投資家は匿名組合出資を行う。
③　営業者は匿名組合出資と借入金をもって資産の購入代金を調達する。
④　営業者はメーカーからリース資産を購入する。
⑤　営業者は資産を借手にリース（ファイナンス・リース）する。
⑥　営業者はリース料収入をもとに元利返済と分配を行う。

　我が国では，レバレッジド・リースはこの匿名組合方式によることが多いとされている。

③ 匿名組合の会計処理

　匿名組合出資は金融商品であるから，この会計処理は「金融商品会計基準」と「金融商品会計に関する実務指針」に準拠する。

　金融商品会計に関する実務指針は，匿名組合の出資の会計処理として，「原則として，組合等の営業により獲得した損益の持分相当額を当期の損益として

図表Ⅴ-6　匿名組合方式によるレバレッジド・リースのスキーム

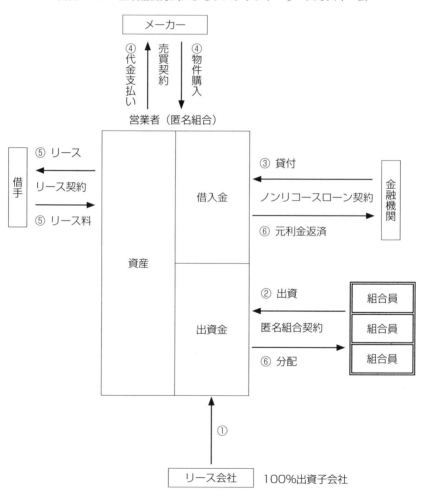

計上し，組合等の財産の持分相当額を出資金として計上する」（金融商品会計に関する実務指針第132項）と規定している。以下，具体的な仕訳を示す。

(i) 出資

（借）出　資　金　＊＊＊
　　　（貸）現　預　金　＊＊＊

(ii) 損失処理

　a．出資金相当額まで

（借）投　資　損　失　＊＊＊
　　　（貸）投資損失引当金　＊＊＊

　b．追加出資義務特約があり，損失累計額が出資金相当額を超えた場合

（借）投　資　損　失　＊＊＊
　　　（貸）投資損失引当金　＊＊＊
　　　　　　未　払　金　＊＊＊

　c．利益が出るまでの損失処理

（借）投　資　損　失　＊＊＊
　　　（貸）未　払　金　＊＊＊

(iii) 利益処理

　a．追加出資義務の解除

（借）未　払　金　＊＊＊
　　　（貸）投　資　利　益　＊＊＊

　b．追加出資義務の完全解除以後

（借）未　払　金　＊＊＊
　　　未　収　入　金　＊＊＊
　　　（貸）投　資　利　益　＊＊＊

(iv) 最終年度

　a．精算

（借）現　預　金　＊＊＊
　　　（貸）投　資　利　益　＊＊＊

未収入金　＊＊＊
　ｂ．投資損失引当金と出資金の相殺
（借）投資損失引当金　＊＊＊
　　　（貸）出　資　金　＊＊＊

(2) 任意組合方式

① 任意組合の定義

　任意組合とは，出資を行った各投資家が，共同の事業を営むことを約する民法上の契約をいう（民法第667条〜）。

② 任意組合の仕組み

　任意組合方式によるレバレッジド・リースの仕組みは，図表Ⅴ-7に示してある。具体的には，次のような仕組みである。

① 投資家は任意組合出資を行う。

② 任意組合は，任意組合出資金と借入金をもって資産の購入代金を調達する。

③ 任意組合は，メーカーからリース資産を購入する。

④ 任意組合は，資産を借手にリース（ファイナンス・リース）する。

⑤ 任意組合は，リース料収入をもとに元利返済と分配を行う。

③ 任意組合の会計処理

　任意組合については，法律上その財産は組合員の共有とされており，単なる出資持分ではないので，組合財産のうち，持分割合に相当する部分を出資者の資産及び負債として貸借対照表に計上し，損益計算書についても同様に処理することが原則的な会計処理である（金融商品会計に関する実務指針第308項）。

PART V 特殊リースとその他の論点

図表V-7 任意組合方式によるレバレッジ・リースのスキーム

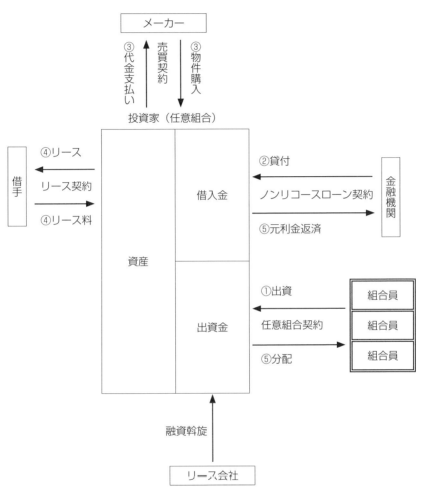

10 リース業ヘッジ会計

　リース業におけるヘッジは次の2通りの方法によるとされる（井上，2006，351頁）。
(1) 長期固定のリース料債権に対し変動化スワップを取り組み，相場変動を相殺するヘッジ取引を行う。
(2) 変動金利の借入金に対し固定化スワップを取り組み，キャッシュ・フローの変動を固定化するヘッジ取引を行う。

(1) 長期固定リース料債権を対象とする公正価値（フェア・バリュー）ヘッジ

① 売買処理している場合

　リース債権は固定金利の貸付金と同様の金融資産である。このため，ヘッジ会計が適用されるヘッジ対象である（金融商品会計に関する実務指針第148項）。
　よって，ヘッジ会計適用要件（金融商品に関する会計基準第31項，金融商品会計に関する実務指針第141〜146項）がすべて満足されれば，ヘッジ会計は適用可能である。

② 賃貸借処理している場合

　賃貸借処理の場合，貸借対照表にはリース資産が計上される。このリース資産は固定資産であり，市場金利の変動により時価は変動しないから，ヘッジ対象とはならない。このためヘッジ会計は適用されない。
　リース資産でなく，将来リース料を確定約定の予定取引として捉え，これをヘッジ対象とする（金融商品に関する会計基準第30項）という見方もあるが，予定取引は将来キャッシュ・フローの変動がヘッジ対象とされる（大塚，1999，

P12）から，相場変動を相殺する公正価値ヘッジの対象ではない。

(2) 変動金利の借入金を対象としたキャッシュ・フロー・ヘッジ

　変動金利の借入金は金融商品であり，ヘッジ対象となる（金融商品会計に関する実務指針第149項）。このため，ヘッジ会計適用要件（金融商品に関する会計基準第31項，金融商品会計に関する実務指針第141～146項）がすべて満足されれば，ヘッジ会計は適用可能である。

用語解説

ヘッジ会計
ヘッジ会計とは，ヘッジ取引のうち一定の要件を充たすものについて，ヘッジ対象に係る損益とヘッジ手段に係る損益を同一の会計期間に認識し，ヘッジの効果を会計に反映させるための特殊な会計処理をいう（金融商品に関する会計基準第五－一）。
公正価値ヘッジ
ヘッジ対象の資産又は負債に係る相場変動を相殺し，ヘッジ対象である資産又は負債の価格変動，金利変動及び為替変動といった相場変動等による損失の可能性を減殺すること
予定取引
予定取引とは，未履行の確定契約に係る取引及び契約は成立していないが，取引予定時期，取引予定物件，取引予定量，取引予定価格等の主要な取引条件が合理的に予測可能であり，かつ，それが実行される可能性が極めて高い取引をいう（注解12）
キャッシュ・フロー・ヘッジ
ヘッジ対象の資産又は負債に係るキャッシュ・フローを固定してその変動を回避し，ヘッジ対象である資産又は負債の価格変動，金利変動及び為替変動といった相場変動等による損失の可能性を減殺すること

11　外貨建てリース

　外貨建取引に関する会計処理は,「外貨建取引等会計処理基準」や「外貨建取引等の会計処理に関する実務指針」に準拠しなければならない。リース取引が外貨建で行われている場合には,次のように会計処理される。なお以下の会計処理は,借手を想定しているが,貸手はこの逆を考えればよい。両者を対比して示せば,図表Ⅴ-8のとおりである。

(1)　売買処理の場合
　①　リース資産及びリース債務の計上
　取引発生時の為替相場により円換算する(「外貨建取引等会計処理基準」一-1)

　②　減価償却費の計上
　取引発生時の円換算額を適用する(「外貨建取引等会計処理基準」一-1)。

　③　リース債務の返済
　リース債務の返済額と支払利息相当額は,決済時の為替相場により円換算する(「外貨建取引等会計処理基準」一-1)。

　④　決　　　算
　リース債務の期末残高は,決算時の為替相場により円換算し,差額を当期の為替換算差損益として処理する(「外貨建取引等会計処理基準」二-(1)-②)。

(2)　賃貸借処理
　①　支払リース料
　支払時の為替相場により円換算する(「外貨建取引等会計処理基準」一-1)。

② 前払リース料

金銭支払時の為替相場により円換算する(「外貨建取引等の会計処理に関する実務指針」第25項)。

③ 未払リース料

決算時の為替相場により円換算する(「外貨建取引等の会計処理に関する実務指針」第27項)。

図表Ⅴ-8 外貨建てリース取引の会計処理

	借 手	貸 手
売買処理	1．リース資産，債務 　取引発生時為替相場で換算 2．減価償却費 　取引発生時換算額 3．リース債務返済 　決済時為替相場で換算 4．決算 　決算時為替相場で換算 　換算差額は当期の為替差損益	1．リース債権 　取引発生時為替相場で換算 2．減価償却費 　換算不要 3．リース債権回収 　決済時為替相場で換算 4．決算 　決算時為替相場で換算 　換算差額は当期の為替差損益
賃貸借処理	1．支払リース料 　支払時の為替相場で換算 2．前払リース料 　金銭支払時の為替相場により換算 3．未払リース料 　決算時の為替相場により換算	1．受取リース料 　受取時の為替相場で換算 2．前受リース料 　金銭受領時の為替相場で換算 3．未収リース料 　決算時の為替相場により換算

12 租税法とリース取引

(1) 現行リース取引関連税制

　本書は，あくまで会計基準の解説書であるから，租税法の解説まではできないが，実務で租税法を無視することはできない。

　後述のように，租税法も会計基準の改正に歩調をあわせ，法人税法の改正を行ったが，平成20年3月31日まで締結されたリース契約は，改正法人税法の適用を受けない。

　読者に対する便宜も考慮し，まず最初に，現時点におけるリース取引に関する租税法の内容を簡潔に理解していただくこととする。このために，図表Ⅴ-11で，リース取引の判定に関する租税法等の根拠条文をフローチャートとして示しておいた。

(2) 会計基準と租税法の異同

　図表Ⅴ-11で理解されるように，リース取引の判定要件は，会計基準と根本的に異なるとはいえないが，微妙な差異があることだけは，認識していただきたい。会計基準と租税法の差異は，申告調整や税効果会計に関連するからである。実務では，会計基準の解読とともに租税法の条文を十分読み込んでいただきたい。

　ここでは，会計基準と租税法の処理の異同を図表Ⅴ-10にまとめておいた。

　この表で理解されるように，今回の会計基準改訂により，所有権移転外ファイナンス・リース取引も売買処理が原則的会計処理になったため，租税法の定める賃貸借処理と差異が生じることとなった。

PART V　特殊リースとその他の論点

図表V-9　リース取引の判定

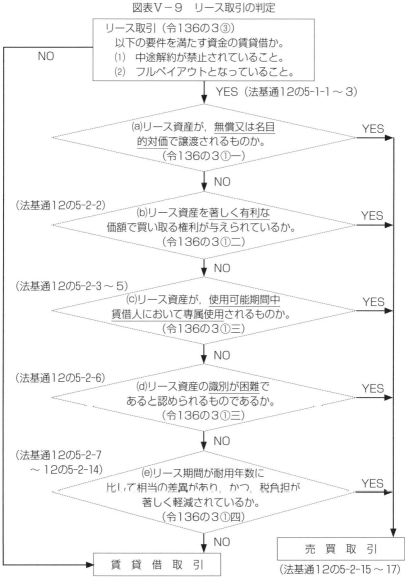

（注）法人税基本通達12の5-2-1において(a)又は(e)に準ずるリース取引を示しており，(a)又は(e)の判定に当たっては，これらを含めたところで行うこととなる。
（出所：廣瀨，2006，P 8）

図表Ⅴ-10　リース取引の判定に関する会計基準と租税法の異同

		会計基準	租税法
ファイナンス・リース取引	所有権移転リース	売買処理	売買処理
	所有権移転外リース	売買処理	賃貸借処理
オペレーティング・リース取引		賃貸借処理	賃貸借処理

(3) 租税法の改正

　平成19年3月30日，所得税法等の一部を改正する法律（平成19年法律第6号）と法人税法施行令の一部を改正する政令（平成19年政令第83号）が交付され，平成19年4月1日より施行された（附則第1条）。

　法人税法改正後は，リース取引は次のように取り扱われる。

① リース取引の定義（法人税法第64条の2第3項）

　リース取引とは，以下の要件に該当する資産の賃貸借取引をいう。

(ⅰ) 解約不能であること

(ⅱ) 賃貸借資産からの経済的利益の実質的享受かつ資産使用による実質的費用負担

② リース取引の処理

(ⅰ) 借手（法人税法第64条の2第1項）

　売買処理をする。

(ⅱ) 貸手（法人税法第64条の2第1項，63条第2項，法人税法施行令第124条）

　リース利益（リース料総額—リース譲渡原価）の20％に相当する利息相当額と元本相当額に区分し，それぞれ規定された方法で収益計上する。

③ 適用時期

　平成20年4月1日以後，締結するリース取引に適用される（所得税法等の一部を改正する法律附則第43条，44条）。

PART VI

国際会計基準とリース会計

1　旧リース会計基準（IAS第17号）の問題点

(1)　リース取引の分類と分類基準

　リース取引は，ファイナンス・リース取引とオペレーティング・リース取引に分類され，ファイナンス・リース取引と判定されるためには，解約不能とフル・ペイアウトの二つの要件を満足する必要がある。このうち，フル・ペイアウトの判定は，現在価値基準と経済的耐用年数基準に該当するか否かで判定される（PARTⅠの5，7を参照）。

(2)　数値基準の恣意性

　フル・ペイアウトの判定基準を再確認すれば以下の通りである。

　現在の日本基準では，現在価値基準（おおむね90％），経済的耐用年数基準（おおむね75％以上）で判定が行われる（PARTⅠの7，PARTⅡの3を参照）が，この数値基準テストの導入により，恣意的にオペレーティング・リースに分類される契約条件を設定すれば，賃貸借取引として資産・負債をオフバランス化できる。

　結果的に，この数値基準が会計基準の形骸化，複雑化を招来したとの批判が生じていた。

(3)　財務諸表の組替計算の必要性

　借手のオペレーティング・リースはオフバランスと処理されていても，証券アナリスト等財務諸表利用者は，企業間比較可能性を求めて，注記情報等を活用して，財務諸表の組替計算をする必要がある。

(4) 概念フレームワークの完成と現行基準の非整合性

　現行日本会計基準と改定前の国際会計基準は，1976年に公表された米国基準を参考にして開発され，制定された。

　この米国基準制定当時その開発時点からすでに，資産・負債の観点から使用権に基づいた会計処理を主張する見解もあったとされるが，この時点では資産・負債を定義する「概念フレームワーク」が未完成であり，資産・負債の概念に従った使用権モデルによる会計処理は見送られた。

　国際会計基準審議会（IASB）は，すでに概念フレームワークを完成し，公表している。この概念フレームワークは，IASBが首尾一貫した概念に基づいたIFRS（基準）の開発支援を目的とする（IASB, 2018, SP1.1）から，リース会計基準についても，この概念フレームワークと整合性のあるものに修正されなければならなくなっていた。

PART Ⅵ　国際会計基準とリース会計

2　使用権モデル

(1)　IFRS概念フレームワークの完成と資産・負債アプローチ

　概念フレームワークでは，第4章において財務諸表の構成要素（the elements of financial statements）として，図表Ⅵ－1のように構成要素とその定義を行っている（IASB, 2018, par.4.2）。

図表Ⅵ－1　財務諸表の構成要素

第1章で論じた項目	構成要素	定　義　又　は　記　述
経済的資源	資産	過去の事象の結果として企業によって支配されている現在の経済的資源 経済的資源とは，経済的便益を生み出す潜在能力を有する権利
請　求　権	負債	過去の事象の結果として経済的資源を移転する企業の現在の義務
	持分	企業のすべての負債を控除した後の資産に対する残余持分
財務業績により反映される経済的資源と請求権の変動	収益	資産の増加又は負債の減少で，持分請求権の保有者からの拠出に関するもの以外の持分の増加を生み出すもの
	費用	資産の減少又は負債の増加で，持分請求権の保有者への分配に関するもの以外の持分の減少を生み出すもの
その他の経済的資源と請求権の変動	－	持分請求権の保有者からの拠出及持分請求権の保有者への分配
	－	持分の増加又は減少を生じさせない資産又は負債の交換

（出所）岩崎（2019）P 91より転載

　IASBの概念フレームワークでは，資産・負債の定義を行い，この資産・負債の増減により持分の増減をもたらすものを収益・費用と定義するという論理で規定が行われており，利益は資産・負債アプローチで算出される。

219

このため，IFRS16 (IASB, 2016) でも，リース取引の処理についてこの資産・負債アプローチが採用されることとなる。

(2) 使用権モデルの採用

IFRS16では，資産・負債アプローチに基づいてリース取引を定義する「使用権モデル」を採用した。

使用権モデルは，リース取引によって生起する資産・負債，特にリース期間中のリース物件に関する「使用権」(right-of-use) に着目し，使用権の会計処理を定めている。

すなわち，リース物件を一定期間使用可能な権利を使用権資産として認識し (IFRS16, par.25)，その期間における対価であるリース料支払義務を負債として認識する (IFRS16, par.26)。

(3) 使用権モデルの概念図

使用権モデルを視覚で理解できるよう図表Ⅵ-2を用意した。参照されたい。

図表Ⅵ-2　使用権モデル概念図

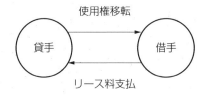

(4) 使用権モデルの会計処理

使用権モデルにより，現行のファイナンス・リース，オペレーティング・リースの分類も不要となり，単一会計モデルとなった。

このため，オペレーティング・リースでも借手の使用権資産とリース負債が計上され，オンバランスの取引が拡大される。

3 リースの識別

(1) リースの定義

リースとは，特定の期間，報酬を得て，特定の資産（原資産）を使用する権利を移転する契約又は契約の一部である（IFRS16, 付録A　用語の定義）。

なお，この定義に関連する用語は，次のように定義されている（IFRS16, 付録A　用語の定義）。

① 原 資 産（underlying asset）

　特定の資産を使用する権利が貸手から借手に移転されているリース対象資産をいう。

② 契　　約（contract）

　複数の関係者間の合意で，強制力のある権利・義務を創出する契約をいう。

(2) リースの判定

契約書上，特定資産の使用権を有するかどうかについては，顧客が使用期間中，次のいずれも有しているかどうかによって，判定される（IFRS16, par.9, 適用ガイドB9）。

① 判定対象資産の使用による経済的便益のほとんどすべてを実質的に得る権利
② 判定対象資産の使用を指図する権利

リース対象資産の判定要件は，図表Ⅵ-3参照（IFRS16, 適用ガイドB31）

図表Ⅵ-3 リース判定要件

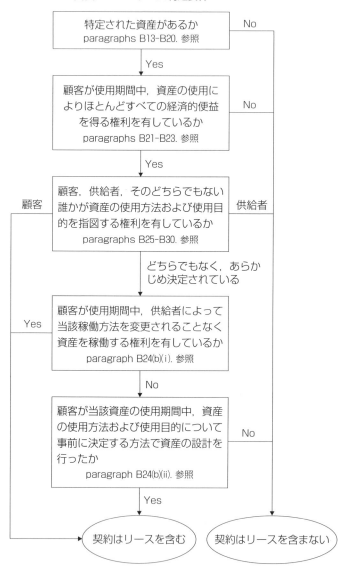

この判定要件のうち，重要な概念を理解しておきたい。

- 特定された資産（identified asset）
① 資産が明示的または黙示的に特定されている（IFRS16, 適用ガイドB13）。
② 供給者が資産を入れ替える実質的な権利を有していない（IFRS16, 適用ガイドB14～19）。
③ 資産の一部分（IFRS16, 適用ガイドB20）。
　物理的に区分できることが条件となる。

- 資産の使用により経済的便益を得る権利（right to obtain economic benefits from use）
　特定された資産の使用を管理する（control）ためには，顧客は，使用期間にわたって資産の使用による経済的便益のほとんどすべてを実質的に享受する権利を有していなければならない（IFRS16, 適用ガイド21～23）。

- 資産の使用を指図する権利（right to direct the use）
　顧客が使用を指図する権利を有すると認められる要件は以下のいずれかである（IFRS16適用ガイドB24）。
① 顧客が，使用期間を通じて特定された資産の使用方法および使用目的を指図する権利を有している場合
② 資産の使用方法および使用目的に関する決定が事前に決定されており，かつ，次のいずれかの状況にあること。
　（i）顧客が顧客の使用期間中の資産を稼働する権利を有すること
　（ii）顧客が資産の使用期間中における使用方法と使用目的について事前決定する方法で当該資産の設計を行っていること

4　リースの分類

(1) 借　　手
リースの分類は廃止され，単一会計処理が行われる。

(2) 貸　　手
貸手の会計処理は，原資産に焦点を当てているため，従来通り，ファイナンス・リースとオペレーティング・リースの二つに分類される（IFRS16, par.61）。

(3) 貸手の分類基準
貸手のリースは，原資産の所有に伴うリスクと経済価値に着目して次の通り分類される（IFRS16, par.62）。

① ファイナンス・リース

原資産の所有に伴うリスクと経済価値のすべてを移転する場合。

② オペレーティング・リース

原資産の所有に伴うリスクと経済価値のすべてを移転しない場合。

リスクと経済価値について，以下の説明がなされている（IFRS16, 適用ガイドB53）

・リスク（risk）

遊休または技術的陳腐化により生じる損失の可能性および経済的諸条件の変化に起因する収益（return）の変動の可能性を含む。

・経済価値（rewards）

原資産の経済的耐用年数にわたる収益性の良い操業および価値増価または残存価値の実現による利得に関する期待によって表現される。

PART Ⅵ　国際会計基準とリース会計

　IFRS16では，リースの分類に際しては，契約書よりも取引の実質に着目し，以下の判定基準を例示している（IFRS16, par.63, 64）。

　所有権移転条項，割安購入選択権，経済的耐用年数基準，現在価値基準，特別仕様物件，

　解約リスク，残価リスク，契約更新条件

5　リース期間

　リース期間は，通常，契約書に記載された契約期間である。しかし，延長オプションや解約オプションの存在と当該オプションの行使可能性が確実な場合には，オプション行使期間を反映した期間が，リース期間となる。

(1) リース期間の決定
　リース期間は，次の通り決定される（IFRS16, par.18）。
　リース期間＝解約不能期間＋借手の延長オプションの対象期間（行使が合理的に確実な場合）＋借手の解約オプションの対象期間（不行使が合理的に確実な場合）

　この借手の延長オプション，または解約オプションを行使する場合の合理的確実性の評価に際しては，オプション行使による経済的インセンティブを創出する関連要因や諸環境を評価しなければならない（IFRS16, par.19）。

(2) オプションの行使可能性評価
　延長・解約オプションの行使が合理的に確実であるかどうかの評価に際して，考慮すべき経済的インセンティブの諸要因は以下のとおりである（IFRS16, 適用ガイドB37）。

　① 市場レートと比較したオプション期間中の契約諸条件
　　例）オプション対象期間のリース料
　② リースの延長，解約または原資産の購入
　　　オプションが行使可能となった時点で借手にとって重要な経済的価値をもたらすであろうと期待される契約期間における賃借物件に対する重要な

改良
③　リース解約関連コスト
　例）交渉コスト，再配置コスト，解約ペナルティ他
④　借手の事業に対する原資産の重要性
　例）原資産の特別仕様性，原資産の設置場所，代替資産の利用可能性
⑤　オプション行使時の条件と当該条件の存在可能性

6 借手の会計処理

(1) 会計処理の基本

　借手においてはリースの分類は廃止され，単一会計処理が行われる。つまり，従来のファイナンス・リース，オペレーティング・リースの分類は行われず，すべてのリースについて，免除規程が適用される例外を除いて，使用権資産の取得として取り扱われる。借手は，リース開始日に，使用権資産とリース負債を認識することになる（IFRS16, par.22）。

(2) リース負債，使用権資産の測定方法

　借手は，リース負債をリース開始日にリース料総額の未決済分の割引現在価値で測定する（IFRS16, par.26）。一方，使用権資産は，リース開始日に所得原価により測定する。この取得原価は，1）リース負債の当初特定額，2）リース開始日以前に支払われた前払リース料，3）（マイナス要因）リース開示日以前に受領したリース・インセンティブの控除，4）借手に生じた当初直接コスト，5）原状回復コストの見積額で構成される（IFRS16, par.24）。

(3) 事後測定の会計処理

　借手は，リース負債について，リース料の支払いに応じて，利息の支払いとリース負債の返済を認識する。支払利息は，残りのリース期間に亘って利回りが一定となるような利率とする必要がある（IFRS16, par.36, 37）。

　使用権資産は，原価モデルによって事後測定する（IFRS16, par.29）。具体的には，取得原価から減価償却累計額及び減損損失累計額を差し引き，リース負債の計上額が見直された場合，これに伴う調整額を加算する。

PART Ⅵ　国際会計基準とリース会計

減価償却については，リース期間の終了までに原資産の所有権が借手に移転するリース及びオプションが付されたリースでその行使が確実と判断できる場合，原資産の耐用年数を償却期間として減価償却する。それ以外については，リース期間に亘って減価償却する。

(4) 設　例

以下，簡単な設例を用いて説明する。

☞49頁参照

基本情報	リース期間	10年
	毎年のリース料（毎期末払い）	12,000千円
	現状回復コスト見積額	10,000千円
	割引率	4.138%
	使用権資産	リース期間に亘り減価償却

（単位：千円）

回数	支払月	リース負債 A	リース料 B=①/10	支払利息 b=A×⑤	元本返済 c=B-a-b	リース負債 C=A-c
0	×1/4/1					100,000
1	×2/3/31	100,000	12,000	3,460	8,540	91,460
2	×3/3/31	91,460	12,000	3,165	8,835	82,625
3	×4/3/31	82,625	12,000	2,859	9,141	73,484
4	×5/3/31	73,484	12,000	2,513	9,457	64,026
5	×6/3/31	64,026	12,000	2,215	9,785	54,242
6	×7/3/31	54,242	12,000	1,877	10,123	44,119
7	×8/3/31	44,119	12,000	1,527	10,473	33,645
8	×9/3/31	33,645	12,000	1,164	10,836	22,809
9	×10/3/31	22,809	12,000	789	11,211	11,599
10	×11/3/31	11,599	12,000	401	11,599	0
			120,000	20,000	100,000	

×1年4月（リース開始時）

（借）使用権資産	110,000	（貸）リース負債	100,000
		（貸）引　当　金	10,000

※　現状回復コストの見積額について，リース開始日に引当金を設定する。

×2年3月

（借）リース負債	8,540	（貸）現金預金	12,000
支払利息	3,460		
（借）減価償却費	11,000	（貸）使用権資産	11,000

×11年3月

（借）リース負債	11,599	（貸）現金預金	12,000
支払利息	401		
（借）減価償却費	11,000	（貸）使用権資産	11,000
（借）引当金（※）	10,000	（貸）現金預金（※）	10,000

※　リース終了時に，現状回復費用10,000を支払った。

(5) 例外的な免除規程

　IFRS16では，短期リース及び少額資産のリースについて，免除規定が設けられている（IFRS16, par.6）。免除規定が適用された場合，当該規定を適用している旨を開示した上で資産・負債を認識せず，原則として定額法によって当期のリース費用を認識し開示する（IFRS16, par.53, 60）。

　短期リースとは，リース開始日時点のリース期間が12か月以内のリースをいう。ここで，リース期間は契約期間ではなく，解約不能期間に延長オプションを行使する（又は解約オプションを行使しない）ことが合理的に確実な場合のオプション期間を含む期間となる。

　また，新品の状態での個々の価格が少額であるような資産は，少額資産のリースとして例外的な取扱いを選択できる（IFRS16, par.B3）。

　詳細については，「8　短期リースと少額資産リース」で記載する。

PART Ⅵ　国際会計基準とリース会計

7　貸手の会計処理

(1)　会計処理の基本

　貸手は，原資産の所有に伴うリスクと経済価値のほとんど全てを移転するリースをファイナンス・リース，それ以外のリースをオペレーティング・リースに分類する（IFRS16, par.61, 62）。

　これは，「リスク・経済価値アプローチ」と呼ばれ，我が国もこのアプローチを採用している。

　ファイナンス・リースに分類された場合，正味リース投資未回収額をリース債権として計上し，リース期間にわたり金融収益を認識する（IFRS16, par.67, 75）。また，オペレーティング・リースに分類された場合，定額法又は他の規則的な基礎のいずれかで収益として認識する（IFRS16, par.81）。

　以下，我が国の貸手の会計処理との違いを明確にするために，ファイナンス・リースにつき，同一の設例を用いて説明する。

(2)　設　　例

〔設例14〕貸手の見積残存価額がある場合　　☞145 頁参照

基本情報	（解約不能の）リース期間	5年
	貸手の購入価額	50,000千円
	貸手の見積残存価額	4,000千円
	リース料総額	60,000千円
	所有権移転条項，割安購入選択権及び特別仕様	なし
	リース物件の経済的耐用年数	8年
	リース料は半年毎（各半期末）6,000千円の後払	

231

回収予定表

(単位:千円)

回数	回収月	リース投資資産 A	リース料 B	受取利息 a=A×9.04%÷2	元本回収 b=B-a	リース投資資産 C=A-b	貸手の計算利子率の算出	
0	2019年4月	50,000	0	0	0	50,000	△50,000	=△A
1	2019年9月	50,000	6,000	2,260	3,740	46,260	6,000	=B
2	2020年3月	46,260	6,000	2,091	3,909	42,351	6,000	=B
3	2020年9月	42,351	6,000	1,914	4,086	38,265	6,000	=B
4	2021年3月	38,265	6,000	1,730	4,270	33,995	6,000	=B
5	2021年9月	33,995	6,000	1,537	4,463	29,532	6,000	=B
6	2022年3月	29,532	6,000	1,335	4,665	24,867	6,000	=B
7	2022年9月	24,867	6,000	1,124	4,876	19,991	6,000	=B
8	2023年3月	19,991	6,000	904	5,096	14,895	6,000	=B
9	2023年9月	14,895	6,000	673	5,327	9,568	6,000	=B
10	2024年3月	9,568	10,000	432	9,568	0	10,000	=B
			64,000	14,000	50,000		9.04%	=IRR(K180:K190)*2

表中の網掛けした数値は,以下の仕訳で使用する数値である。

① ファイナンス・リース取引かオペレーティング・リース取引かの判定

判定基準の内容は,国際会計基準と我が国との間に基本的に差異はないが,国際会計基準には,我が国における具体的な数値基準(現在価値基準による判定の90%,経済的耐用年数による判定の75%)がなく,取引の実質に応じて判定することになる。例えば,以下のようなリースが通常はファイナンス・リースに分類される(IFRS16, par.63)。

なお,各括弧書きは対応する我が国の判定基準である。

☞28頁参照

(a) 当該リースにより,リース期間の終了までに借手に原資産の所有権が移転される(所有権移転条項の存在)。

(b) 借手が,オプションが行使可能となる日の公正価値よりも十分に低いと予想される価格で原資産を購入するオプションを有していることにより,当該オプションが行使されることが契約日において合理的に確実である(割安購入選択権の存在)。

(c) 所有権が移転しない場合でもリース期間が原資産の経済的耐用年数の大

部分を占める（経済的耐用年数基準）。

(d) 契約日において，リース料の現在価値が，少なくとも原資産の公正価値のほとんど全てとなっている（現在価値基準）。

(e) 原資産が特殊な性質のものであり，借手のみが大きな改変なしに使用できる（特別仕様物件）。

　基本情報から，上記のうち，(a), (b), (e)は，該当しない。

　(c)につき，リース期間5年は経済的耐用年数8年の62.5％となるが，大部分を占めているとはいえない。

　(d)につき，リース料の現在価値47,429千円は，公正価値50,000千円の94.9％であり，本設例では「ほとんど全てとなっている」ものとする。

　したがって，(d)にあてはまることから，本設例のリース取引は，ファイナンス・リース取引に該当する。

　なお，国際会計基準では，我が国のように，ファイナンス・リース取引をさらに所有権移転か移転外かに区分することはない。また，リース取引の重要性がない場合に利息相当額の総額をリース期間中の各期に定額で配分できる規定（適用指針第59項）は存在しない。

2019年4月1日（リース取引開始日）

(借)リ ー ス 債 権	50,000※	(貸)買　　掛　　金	50,000

※　正味リース投資未回収額は，リース料総額（60,000千円）及び無保証残存価値（「原資産の残存価値のうち，貸手による実現が確実でないか又は貸手と関係のあるもののみが保証している部分」として，貸手の見積残存価額4,000千円）の合計額を現在価値に割引いたものであり，これを債権として表示する（IFRS第16号第67項）。

2019年9月30日（第1回回収日・中間決算日）

（借）現 金 預 金	6,000	（貸）リ ー ス 債 権	3,740
		（貸）金 融 収 益	2,260

以後の各期も同様な処理を行う。

2024年3月31日（最終回の回収とリース物件の受領）

（借）現 金 預 金	6,000	（貸）リ ー ス 債 権	9,568
（借）貯 蔵 品	4,000	（貸）金 融 収 益	432

　すなわち，国際会計基準の会計処理は，我が国における所有権移転ファイナンス・リースの第3法　売上高を計上せずに利息相当額を各期に配分する方法と同一となる。

☞136頁参照

8 短期リースと少額資産リース

(1) 短期リース

① 定　義

短期リース（short-term lease）とは，開始日においてリース期間が12か月以内であるリースをいい，購入オプションを含むリースは短期リースではない（IFRS16, 用語の定義A）。

② 会計処理

（ⅰ）リース料支払額をリース期間にわたり定額ベースまたは別の規則的方法のいずれかにより費用として認識する。別の規則的方法が採用されるのは，当該方法のほうが借り手の便益のパターンをより的確に表現できる場合である（IFRS16, par.6）。

（ⅱ）支払リース料は，キャッシュ・フロー計算上，営業活動（operating activities）によるキャッシュ・フローに分類する（IFRS16, par.50-c）。

(2) 少額資産リース

少額資産かどうかの判定は，使用権が関係する原資産の種類ごとに行われる。原資産の種類とは性質や事業における使用の類似性に基づく原資産のグルーピングのことである（IFRS16, par.8）。

① 判定留意事項

少額資産リースに該当するか否かの判定留意事項は以下のとおりである（IFRS16, 適用ガイドＢ３〜７）。

（ⅰ）原資産の新品の価値で評価する。

（ⅱ）原資産の価値が少額であるか。

(ⅲ)　原資産は，以下の場合にのみ少額となりうる。
　　(a)　借手が，原資産単独で，または，借手が容易に入手可能な他の資源とともに，便益を享受することができ，かつ，
　　(b)　原資産が他のリース資産に高度に依存も相互関連もしていない。
　(ⅳ)　原資産が新品であれば，通常，原資産の性質からして価値が低額でない場合には，当該リースは少額資産のリースには該当しない。
　(ⅴ)　借手が資産を転リースするか，転リースを予定している場合は，当初のリースは少額資産のリースに該当しない。

② 会 計 処 理
　(ⅰ)　リース料支払額をリース期間にわたり定額ベースまたは別の規則的方法のいずれかにより費用として認識する。別の規則的方法が採用されるのは，当該方法のほうが借手の便益のパターンをより的確に表現できる場合である（IFRS16, par.6）。
　(ⅱ)　支払リース料は，キャッシュ・フロー計算上，営業活動（operating activities）によるキャッシュ・フローに分類する（IFRS16, par.50-c）。

PART Ⅵ　国際会計基準とリース会計

9　我が国リース会計基準の改訂動向

　我が国の現行の会計基準は，企業会計基準第13号「リース取引に関する会計基準」および企業会計基準適用指針第16号「リース取引に関する会計基準の適用指針」で，これは平成19年3月30日に企業会計基準委員会から公表されたものである。

　我が国の現行の会計基準に関しては，現状では改訂に関する目立った動きはない。但し，そもそも我が国の会計基準はIAS第17号「リース」を意識して公表されたものなので，IFRS16が平成31年1月1日以降開始する事業年度からの適用と同時にIAS第17号は廃止されることから，今後の動きは注目されるところである。

企業会計基準第13号

リース取引に関する会計基準

改正平成19年3月30日
企業会計基準委員会
平成5年6月17日
企業会計審議会第一部会

目　的

1. 本会計基準は，リース取引に係る会計処理を定めることを目的とする。
2. 平成 19 年 3 月 30 日に，本会計基準を適用する際の指針を定めた企業会計基準適用指針第 16 号「リース取引に関する会計基準の適用指針」が公表されているため，本会計基準の適用にあたっては，当該適用指針も参照する必要がある。

会計基準

範　囲

3. 本会計基準は，リース取引に係る会計処理に適用する。

用語の定義

4. 「リース取引」とは，特定の物件の所有者たる貸手（レッサー）が，当該物件の借手（レッシー）に対し，合意された期間（以下「リース期間」という。）にわたりこれを使用収益する権利を与え，借手は，合意された使用料（以下「リース料」という。）を貸手に支払う取引をいう。
5. 「ファイナンス・リース取引」とは，リース契約に基づくリース期間の中途において当該契約を解除することができないリース取引又はこれに準ずるリース取引で，借手が，当該契約に基づき使用する物件（以下「リース物件」という。）からもたらされる経済的利益を実質的に享受することができ，かつ，当該リース物件の使用に伴って生じるコストを実質的に負担することとなるリース取引をいう。
6. 「オペレーティング・リース取引」とは，ファイナンス・リース取引以外のリース取引をいう。
7. 「リース取引開始日」とは，借手が，リース物件を使用収益する権利を行使することができることとなった日をいう。

会計処理

ファイナンス・リース取引の分類

8. ファイナンス・リース取引は、リース契約上の諸条件に照らしてリース物件の所有権が借手に移転すると認められるもの（以下「所有権移転ファイナンス・リース取引」という。）と、それ以外の取引（以下「所有権移転外ファイナンス・リース取引」という。）に分類する。

ファイナンス・リース取引の会計処理

9. ファイナンス・リース取引については、通常の売買取引に係る方法に準じて会計処理を行う。

（借手側）

10. 借手は、リース取引開始日に、通常の売買取引に係る方法に準じた会計処理により、リース物件とこれに係る債務をリース資産及びリース債務として計上する。

11. リース資産及びリース債務の計上額を算定するにあたっては、原則として、リース契約締結時に合意されたリース料総額からこれに含まれている利息相当額の合理的な見積額を控除する方法による。当該利息相当額については、原則として、リース期間にわたり利息法により配分する。

12. 所有権移転ファイナンス・リース取引に係るリース資産の減価償却費は、自己所有の固定資産に適用する減価償却方法と同一の方法により算定する。また、所有権移転外ファイナンス・リース取引に係るリース資産の減価償却費は、原則として、リース期間を耐用年数とし、残存価額をゼロとして算定する。

（貸手側）

13. 貸手は、リース取引開始日に、通常の売買取引に係る方法に準じた会計処理により、所有権移転ファイナンス・リース取引についてはリース

債権として，所有権移転外ファイナンス・リース取引についてはリース投資資産として計上する。

14. 貸手における利息相当額の総額は，リース契約締結時に合意されたリース料総額及び見積残存価額の合計額から，これに対応するリース資産の取得価額を控除することによって算定する。当該利息相当額については，原則として，リース期間にわたり利息法により配分する。

オペレーティング・リース取引の会計処理

15. オペレーティング・リース取引については，通常の賃貸借取引に係る方法に準じて会計処理を行う。

開　示
ファイナンス・リース取引の表示
（借手側）

16. リース資産については，原則として，有形固定資産，無形固定資産の別に，一括してリース資産として表示する。ただし，有形固定資産又は無形固定資産に属する各科目に含めることもできる。

17. リース債務については，貸借対照表日後1年以内に支払の期限が到来するものは流動負債に属するものとし，貸借対照表日後1年を超えて支払の期限が到来するものは固定負債に属するものとする。

（貸手側）

18. 所有権移転ファイナンス・リース取引におけるリース債権及び所有権移転外ファイナンス・リース取引におけるリース投資資産については，当該企業の主目的たる営業取引により発生したものである場合には流動資産に表示する。また，当該企業の営業の主目的以外の取引により発生したものである場合には，貸借対照表日の翌日から起算して1年以内に入金の期限が到来するものは流動資産に表示し，入金の期限が1年を超

えて到来するものは固定資産に表示する。

ファイナンス・リース取引の注記
(借手側)
19. リース資産について，その内容（主な資産の種類等）及び減価償却の方法を注記する。ただし，重要性が乏しい場合には，当該注記を要しない。

(貸手側)
20. リース投資資産について，将来のリース料を収受する権利（以下「リース料債権」という。）部分及び見積残存価額（リース期間終了時に見積られる残存価額で借手による保証のない額）部分の金額（各々，利息相当額控除前）並びに受取利息相当額を注記する。ただし，重要性が乏しい場合には，当該注記を要しない。
21. リース債権及びリース投資資産に係るリース料債権部分について，貸借対照表日後 5 年以内における 1 年ごとの回収予定額及び 5 年超の回収予定額を注記する。ただし，重要性が乏しい場合には，当該注記を要しない。

オペレーティング・リース取引の注記
(借手側及び貸手側)
22. オペレーティング・リース取引のうち解約不能のものに係る未経過リース料は，貸借対照表日後 1 年以内のリース期間に係るものと，貸借対照表日後 1 年を超えるリース期間に係るものとに区分して注記する。ただし，重要性が乏しい場合には，当該注記を要しない。

適用時期等
23. 本会計基準は，平成 20 年 4 月 1 日以後開始する連結会計年度及び事業年度から適用する。ただし，平成 19 年 4 月 1 日以後開始する連結会

計年度及び事業年度から適用（以下「財務諸表に係る早期適用」という。）することができる。

24. 前項にかかわらず、四半期財務諸表に関しては、本会計基準は、平成21年4月1日以後開始する連結会計年度及び事業年度に係る四半期財務諸表から適用する。ただし、平成20年4月1日以後開始する連結会計年度及び事業年度に係る四半期財務諸表から適用（以下「四半期財務諸表に係る早期適用」という。）することができる。平成20年4月1日以後開始する連結会計年度及び事業年度（平成21年4月1日以後開始する連結会計年度及び事業年度を除く。）において、四半期財務諸表に係る早期適用を行わない場合、所有権移転外ファイナンス・リース取引に係る残高（通常の賃貸借取引に係る方法に準じた会計処理による場合）が前年度末と比較して著しく変動しているときは、当該四半期財務諸表において、「リース取引に係る会計基準」（企業会計審議会第一部会平成5年6月17日。以下「改正前会計基準」という。）で必要とされていた注記（オペレーティング・リース取引に係る注記を除く。）を記載する。なお、「証券取引法等の一部を改正する法律」第3条により施行が予定される金融商品取引法第24条の4の7の規定の適用を受ける上場会社等のうち、内閣府令で定める事業を行う会社は、第2四半期の四半期財務諸表では別途の対応を行うことが必要であると考えられる。

25. 第23項ただし書きに定める財務諸表に係る早期適用を行う場合、その中間連結会計期間及び中間会計期間に係る中間連結財務諸表及び中間財務諸表には適用しないことができる。なお、この場合であっても、年度の連結財務諸表及び財務諸表では、年度の期首から本会計基準を適用する。また、早期適用を行う連結会計年度及び事業年度に係る年度の連結財務諸表及び財務諸表においては、中間・年度の会計処理の首尾一貫性の注記は要しないものとし、中間連結財務諸表及び中間財務諸表には、本会計基準が適用されておらず、改正前会計基準で必要とされていた注記がなされている旨を記載する。

26. 本会計基準を適用するにあたっては，日本公認会計士協会　会計制度委員会「リース取引の会計処理及び開示に関する実務指針」，同会計制度委員会報告第5号「連結財務諸表におけるリース取引の会計処理及び開示に関する実務指針」及び同会計制度委員会報告第14号「金融商品会計に関する実務指針」などの改廃を検討することが適当である。

議　決

27. 本会計基準は，第125回企業会計基準委員会に出席した委員11名全員の賛成により承認された。なお，出席した委員は，以下のとおりである。

斎　藤　静　樹（委員長）
西　川　郁　生（副委員長）
石　井　泰　次
梅　山　　　勉
加　藤　　　厚
神　田　秀　樹
小宮山　　　賢
逆　瀬　重　郎
辻　山　栄　子
山　田　浩　史
米　家　正　三

結論の背景

経　緯

28. 我が国のリース取引に関する会計基準としては，平成5年6月に企業会計審議会第一部会から改正前会計基準が公表されている。改正前会計基準では，ファイナンス・リース取引については，通常の売買取引に係る方法に準じて会計処理を行うこととされており，その理由として，

「リース取引に係る会計基準に関する意見書」（企業会計審議会第一部会平成5年6月17日）では、「我が国の現行の企業会計実務においては、リース取引は、その取引契約に係る法的形式に従って、賃貸借取引として処理されている。しかしながら、リース取引の中には、その経済的実態が、当該物件を売買した場合と同様の状態にあると認められるものがかなり増加してきている。かかるリース取引について、これを賃貸借取引として処理することは、その取引実態を財務諸表に的確に反映するものとはいいがたく、このため、リース取引に関する会計処理及び開示方法を総合的に見直し、公正妥当な会計基準を設定することが、広く各方面から求められてきている。」と記載されている。

29. 改正前会計基準では、法的には賃貸借取引であるリース取引について、経済的実態に着目し通常の売買取引に係る方法に準じた会計処理を採用しており、これはファイナンス・リース取引と資産の割賦売買取引との会計処理の比較可能性を考慮したものと考えられる。また、改正前会計基準は、リース取引をファイナンス・リース取引とオペレーティング・リース取引に分類する点や、借手がリース資産を固定資産として計上する点など、国際会計基準及び米国会計基準と平仄を合わせるものであった。

30. 一方、改正前会計基準では、ファイナンス・リース取引のうち所有権移転外ファイナンス・リース取引については、一定の注記を要件として通常の賃貸借取引に係る方法に準じた会計処理（以下「例外処理」という。）を採用することを認めてきた。現状では大半の企業において、この例外処理が採用されている。

31. 企業会計基準委員会（以下「当委員会」という。）では、この例外処理の再検討について、平成13年11月にテーマ協議会から提言を受け、平成14年7月より審議を開始した。改正前会計基準に対する当委員会の問題意識は、主として次の点であった。

(1) 会計上の情報開示の観点からは、ファイナンス・リース取引につい

ては、借手において資産及び負債を認識する必要性がある。特に、いわゆるレンタルと異なり、使用の有無にかかわらず借手はリース料の支払義務を負い、キャッシュ・フローは固定されているため、借手は債務を計上すべきである。

(2) 本来、代替的な処理が認められるのは、異なった経済的実態に異なる会計処理を適用することで、事実をより適切に伝えられる場合であるが、例外処理がほぼすべてを占める現状は、会計基準の趣旨を否定するような特異な状況であり、早急に是正される必要がある。

32. 審議の過程では、主として、我が国のリース取引は資金を融通する金融ではなく物を融通する物融であり、諸外国のファイナンス・リースと異なり賃貸借としての性質が強いことを理由とし、例外処理を存続すべきとの意見も表明された。また、リース契約を通じたビジネスの手法が確定決算主義をとる税制と密接に関係してきたため、会計上の情報開示の観点のみでは結論を得ることが難しい課題であった。

33. 当委員会では、4年にわたりこのテーマを審議してきたが、その間、平成16年3月に「所有権移転外ファイナンス・リース取引の会計処理に関する検討の中間報告」を公表し、また、平成18年7月に試案「リース取引に関する会計基準（案）」、平成18年12月に企業会計基準公開草案第17号「リース取引に関する会計基準（案）」を公表している。審議の過程では、関係各方面からの意見聴取も行い、我が国のリース取引の実態を踏まえ議論を行ってきたが、今般、改正前会計基準において認められていた例外処理を廃止するとの結論に至り、基準を改正することとした。

34. また、当委員会では国際会計基準審議会との間で行っている会計基準のコンバージェンスに向けた共同プロジェクトにおいて、リース会計を短期的な検討項目として位置付けており、この基準の改正が行われることにより、現状の国際会計基準第17号「リース」と平仄が合い、国際的な会計基準間のコンバージェンスに寄与することとなる。なお、国際

会計基準審議会では，平成18年7月に現状のリース会計に係る国際会計基準の改正を議題に加えている。そこでは，ファイナンス・リース取引とオペレーティング・リース取引の区別をすることなく，リース契約に係る使用権を資産計上していくことを基礎に検討がなされる予定である。これは，米国財務会計基準審議会との共同プロジェクトとされているが，最終的な基準の公表までには，相当程度の期間を要すると見込まれる。

用語の定義及びリース取引の分類

35. 用語の定義のうち第4項から第6項については，改正前会計基準における定義を変更していない。また，リース取引の分類についても，ファイナンス・リース取引とオペレーティング・リース取引に分類した上で，ファイナンス・リース取引について，所有権移転ファイナンス・リース取引と所有権移転外ファイナンス・リース取引に分類する改正前会計基準の方法を変更していない（第8項参照）。

36. 第5項にいう「リース契約に基づくリース期間の中途において当該契約を解除することができないリース取引に準ずるリース取引」とは，法的形式上は解約可能であるとしても，解約に際し相当の違約金を支払わなければならない等の理由から，事実上解約不能と認められるリース取引をいう。また，「借手が，当該契約に基づき使用する物件（リース物件）からもたらされる経済的利益を実質的に享受する」とは，当該リース物件を自己所有するとするならば得られると期待されるほとんどすべての経済的利益を享受することをいい，「当該リース物件の使用に伴って生じるコストを実質的に負担する」とは，当該リース物件の取得価額相当額，維持管理等の費用，陳腐化によるリスク等のほとんどすべてのコストを負担することをいう。

37. 本会計基準では，リース取引開始日において，ファイナンス・リース取引の借手であればリース資産及びリース債務，あるいは貸手であれば

リース債権又はリース投資資産を計上するものとしている（第10項及び第13項参照）。この「リース取引開始日」とは，借手が，リース物件を使用収益する権利を行使することができることとなった日をいうものとしている（第7項参照）。一般的には，当該リース物件に係る借受証に記載された借受日がそれに該当する場合が多いものと考えられる。

会計処理
ファイナンス・リース取引の会計処理
（基本的な考え方）

38. 改正前会計基準では，ファイナンス・リース取引について，原則として通常の売買取引に係る方法に準じて会計処理を行うこととしており，この基本的な考え方は本会計基準でも変更していない（第9項参照）。なお，ファイナンス・リース取引は，リース物件の取得と資金調達が一体として行われ，通常は利用期間と資金調達の期間が一致するため，通常の売買取引と類似性を有するものの，まったく同じ会計処理になるわけではない。また，ファイナンス・リース取引のうち所有権移転外ファイナンス・リース取引については，次の点で，所有権移転ファイナンス・リース取引と異なる性質を有する。

　(1)　経済的にはリース物件の売買及び融資と類似の性格を有する一方で，法的には賃貸借の性格を有し，また，役務提供が組み込まれる場合が多く，複合的な性格を有する。

　(2)　リース物件の耐用年数とリース期間は異なる場合が多く，また，リース物件の返還が行われるため，物件そのものの売買というよりは，使用する権利の売買の性格を有する。

　(3)　借手が資産の使用に必要なコスト（リース物件の取得価額，金利相当額，維持管理費用相当額，役務提供相当額など）を，通常，契約期間にわたる定額のキャッシュ・フローとして確定する。したがって，所有権移転ファイナンス・リース取引と所有権移転外ファイナンス・リース取引

では，通常の売買取引に係る方法に準じた会計処理を具体的に適用するにあたり，リース資産の減価償却費の算定（第12項及び第39項参照）等で異なる点が生じる。

(借手におけるリース資産の償却)

39. 所有権移転ファイナンス・リース取引については，リース物件の取得と同様の取引と考えられるため，自己所有の固定資産と同一の方法により減価償却費を算定することとした。一方，所有権移転外ファイナンス・リース取引については，リース物件の取得とは異なりリース物件を使用できる期間がリース期間に限定されるという特徴があるため，原則として，リース資産の償却期間はリース期間とし，残存価額はゼロとしている（第12項参照）。また，償却方法については，次の観点から，企業の実態に応じ，自己所有の固定資産と異なる償却方法を選択することができるものとした。

    (1) 所有権移転外ファイナンス・リース取引は，前項に記載のとおり，リース物件の取得とは異なる性質も有すること
    (2) 我が国では，これまで自己所有の固定資産について残存価額を10パーセントとして定率法の償却率を計算する方法が広く採用されてきており，所有権移転外ファイナンス・リース取引に，自己所有の固定資産と同一の償却方法を適用することが困難であること

(貸手における会計処理)

40. 所有権移転ファイナンス・リース取引の場合は，貸手は，借手からのリース料と割安購入選択権の行使価額で回収するが，所有権移転外ファイナンス・リース取引の場合はリース料と見積残存価額の価値により回収を図る点で差異がある。この差異を踏まえ，所有権移転ファイナンス・リース取引で生じる資産はリース債権に計上し，所有権移転外ファイナンス・リース取引で生じる資産はリース投資資産に計上することとした。

この場合のリース投資資産は，将来のリース料を収受する権利と見積残存価額から構成される複合的な資産である。

41. リース債権は金融商品と考えられ，また，リース投資資産のうち将来のリース料を収受する権利に係る部分については，金融商品的な性格を有すると考えられる。したがって，これらについては，貸倒見積高の算定等などにおいて，企業会計基準第10号「金融商品に関する会計基準」の定めに従う。

開 示

ファイナンス・リース取引の表示及び注記

(借手側)

42. ファイナンス・リース取引により生じたリース資産については，リース資産の合計額を表す観点や，実務上の過重負担の回避などを考慮し，有形固定資産，無形固定資産の別に，一括してリース資産として表示することを原則とした（第16項参照）。ただし，有形固定資産又は無形固定資産に属する各科目に含めることも認めることとした。なお，例えば，所有権移転ファイナンス・リース取引には有形固定資産又は無形固定資産に属する各科目に含める方法を適用し，所有権移転外ファイナンス・リース取引には，有形固定資産，無形固定資産の別に一括してリース資産として表示する方法を適用することも認められる。

43. 借手における注記としては，リース資産の内容と減価償却の方法を記載することとした（第19項参照）。リース資産の内容について，勘定科目別に金額を注記することも考えられるが，コスト・ベネフィットの観点から主な資産の種類等を記載することで足りることとした。

(貸手側)

44. 貸手におけるリース債権及びリース投資資産については，一般的な流動固定の区分基準に従い，当該企業の営業の主目的で生じたものである

か否かにより，流動資産に表示するか，固定資産に表示するかを区分することとした（第18項参照）。

45. 貸手における注記としては，リース投資資産に含まれるリース料債権部分と見積残存価額部分では性格が異なるため，各々の金額を記載することとした。また，リース料債権部分と見積残存価額部分（各々，利息相当額控除前）とリース投資資産残高との関係を明らかにするために，受取利息相当額を注記することとした。さらに，リース債権及びリース投資資産については，当該企業の主目的たる営業取引により生じたものである場合には流動資産に表示されること，また，通常は回収が長期にわたることから，リース債権及びリース投資資産に係るリース料債権部分について，貸借対照表日後5年以内における1年ごとの回収予定額及び5年超の回収予定額をそれぞれ注記することとした（第20項及び第21項参照）。

適用時期等

46. 本会計基準は平成20年4月1日以後開始する連結会計年度及び事業年度から適用することとしているが，実務面での本会計基準の円滑な適用を図るため，四半期財務諸表に関しては，本会計基準は，平成21年4月1日以後開始する連結会計年度及び事業年度に係る四半期財務諸表から適用することとしている。

47. 第23項ただし書きに定める財務諸表に係る早期適用を行う場合，その中間連結会計期間及び中間会計期間には適用しないことができることとし，この場合に，通常必要とされる中間・年度の会計処理の首尾一貫性の注記は要しないものとした。これは，当該中間連結会計期間及び中間会計期間において，改正前会計基準で必要とされていた注記がなされ，比較可能性が確保されているためである。

以　上

あとがき

　仕事の都合上出張することが多く，移動中に仕事をすることは稀ではない。今も列車の中で「あとがき」を書いている。ただし，今回は「やさしくわかるリース会計」の初稿がすでに出来上がっており，ゆとりを持って「あとがき」の執筆に取り組めるのがうれしい。

　さて，社団法人リース事業協会の調査によると，現在，日本の全企業の94％がリースを利用し，また，民間設備投資の約1割をリース産業が担っている。つまり，企業の財務，経理担当者など実務に携わる方々にとって，リース取引に関する実務上の取扱いの理解は必要不可欠なのである。

　「まえがき」でも述べたように，本書はこのような多忙な読者の皆様が，リース取引の取扱いを効率かつ迅速に理解できることを目的としている。この点，本書の3名の執筆者は，いずれも早稲田大学エクステンションセンターの講師を幾度となく経験しており，さまざまな経歴をもつ受講生に効率かつ迅速に理解していただく工夫を日ごろから行ってきた。その経験は本書執筆に活かされたと確信している。

　さらに，本書の執筆者は，いずれも公認会計士であり監査の現場を経験している。この経験から実務家にとって理解が難しいポイントを十分把握しており，それを本書執筆にも十分に活かし，難しいポイントについてはより丁寧に説明することを心がけた。

　ところで，日本の全企業の94％が利用しているリースの対象物には，コンピュータや複写機などの情報通信機器，机やロッカーなどの家具類，自動車や飛行機などの輸送機器など多岐に渡っている。今乗っている列車や，先ほど通り抜けた駅の自動改札機，さらには以前乗った飛行機も実はリースなのかも知れないなどと考えると，リース取引がより身近に感じられるようになる。それと同時に，今後も，読者の皆様の立場になって業務を行っていきたいと改めて感じた。そして，これは著者一同の思いでもある。

このたび，IFRS 第 16 号の公表に合わせて，『やさしくわかるリース会計』も改訂することになった。平成 19 年 12 月の初版から 10 年以上が経過したが，初版を見直し改めて時の流れを感じる今日この頃である。

　　　　　　　　　　　　　　　　令和元年9月　　　青　山　伸　一

【参考文献】

Kieso, D.E., Weygandt, J.J, Warfield, T.D.(2006), *IntermediateAccounting, 12th edition*, Wiley, p.1120.

International Accounting Standards Board（IASB）(2016) IFRS, *No.16 Leases*.

──────(2018) *Conceptual Framework for Financial Reporting*.

秋山正明著（1999）『リース会計の実務』中央経済社。

井上正彦著（2006）『リース会計の法律・会計・税務』税務研究会出版局。

大塚宗春編著（1999）『逐条解説金融商品会計基準』中央経済社。

廣瀬　彰稿（2006）『リース取引の税務』日本公認会計士協会。

岩崎　勇著（2019）『IFRSの概念フレームワーク』税務経理協会。

著者紹介

吉田　博文（よしだ・ひろふみ）〔PARTⅠ, PARTⅤ, PARTⅥ-1～5, 8〕

早稲田大学大学院経済学研究科修了。

アーサーヤング公認会計士共同事務所，監査法人朝日新和会計社国際事業部，アーンストアンドヤングコンサルティング株式会社を経て，現在，公認会計士吉田博文事務所主宰。

米国管理会計人協会日本支部（Institute of Management Accountants, Tokyo Chapter）常任理事，日本公認会計士協会実務補習所講師，早稲田大学エクステンションセンター講師，上場会社社外監査役等歴任。

主要著訳書に，『連結会計の導入と実践』（共著，かんき出版），『粉飾決算の見抜き方』（共著，東洋経済新報社），『戦略医業経営の21章』（共著，医学通信社），『知的資産経営』（共著，同文舘出版），『企業戦略マニュアル』（共訳，ダイヤモンド社），『トータル・コスト・マネジメント』（共訳，中央経済社）他多数。

青山　伸一（あおやま・しんいち）〔PARTⅡ, PARTⅢ, PARTⅥ-6, 9〕

早稲田大学大学院商学研究科修士課程修了。

公友監査法人代表及び青山公認会計士事務所代表。

外務省行政事業レビュー外部有識者メンバー，外務省独立行政法人評価アドバイザー，自治体の包括外部監査人（秋田県，東京都港区，川崎市，町田市），国立研究開発法人契約監視委員会委員，国立大学法人監事，学校法人監事，米国管理会計人協会日本支部（Institute of Management Accountants, Tokyo Chapter）理事，早稲田大学エクステンションセンター講師等歴任。

主要著書に，『戦略医業経営の21章』（共著，医学通信社），『すぐに役立つ公会計情報の使い方』（共著，ぎょうせい），『リースの会計と税務』（共著，税務経理協会）他がある。

鈴木　誠（すずき・まこと）〔PARTⅣ, PARTⅥ-7〕

慶應義塾大学経済学部卒業。

太田昭和監査法人（現EY新日本有限責任監査法人）国内監査部，アーンスト・アンド・ヤングLLPロサンゼルス事務所出向，新日本監査法人マルチナショナルクライアント部を経て，現在鈴木誠公認会計士・税理士事務所主宰。日本公認会計士協会表彰細則第2条第1項第四号に基づく功績。同租税政策検討部会専門委員。同ISA（国際監査基準）専門委員会専門委員，同東京会特別税務委員会専門委員，早稲田大学エクステンションセンター講師。上場会社社外監査役等歴任。

主な執筆活動として，『旬刊経理情報（「ビジネス実務相談室Q&A」）』（中央経済社）他への掲載多数。

著者との契約により検印省略

平成19年12月1日	初版第1刷発行
平成20年6月1日	初版第2刷発行
平成21年4月1日	初版第3刷発行
令和元年11月15日	改訂版第1刷発行

やさしくわかるリース会計
〔改訂版〕

著者	吉 田 博 文
	青 山 伸 一
	鈴 木　 誠
発行者	大 坪 克 行
印刷所	有限会社 山吹印刷所
製本所	牧製本印刷株式会社

発行所　〒161-0033 東京都新宿区下落合2丁目5番13号　株式会社 税務経理協会

振替 00190-2-187408　電話 (03)3953-3301（編集部）
FAX (03)3565-3391　　　　 (03)3953-3325（営業部）
URL http://www.zeikei.co.jp/
乱丁・落丁の場合は，お取替えいたします。

© 吉田博文・青山伸一・鈴木誠 2019　　　　　　Printed in Japan

本書の無断複写は著作権法上での例外を除き禁じられています。複写される場合は，そのつど事前に，（社）出版者著作権管理機構（電話 03-3513-6969, FAX 03-3513-6979，e-mail : info@jcopy.or.jp）の許諾を得てください。

JCOPY ＜(社)出版者著作権管理機構 委託出版物＞

ISBN978-4-419-06665-9　C3034